LE RELIGIEUX APRÈS LA RELIGION

Nouveau Collège de Philosophie

Collection dirigée par Alain Renaut, Patrick Savidan, Pierre-Henri Tavoillot

JURGEN HABERMAS — ***L'éthique de la discussion et la question de la vérité.*** *Discussion animée par Patrick Savidan*

♦

ALBERT JACQUARD, PIERRE MANENT, ALAIN RENAUT — ***Une éducation sans autorité ni sanction ?***

♦

JOHN R. SEARLE — ***Liberté et neurobiologie****. Réflexions sur le libre arbitre, le langage et le pouvoir politique*

♦

GILLES LIPOVETSKY et SÉBASTIEN CHARLES — ***Les temps hypermodernes***

♦

JEAN-PAUL FITOUSSI — ***La démocratie et le marché***

♦

NICOLAS WEILL — ***La République et les antisémites***

♦

ALAIN RENAUT et CHARLES LARMORE — ***Débat sur l'éthique.*** *Idéalisme ou réalisme ?*

LE RELIGIEUX APRÈS LA RELIGION

NOUVEAU COLLÈGE DE PHILOSOPHIE

LUC FERRY et MARCEL GAUCHET

BERNARD GRASSET
PARIS

Vivons-nous la « mort de Dieu » ou, au contraire, le retour du religieux ? La question n'en finit pas de se poser. D'un côté, les Églises et les dogmes dépérissent au profit de croyances plus personnelles, « à la carte », disent certains. De l'autre – force est de le constater – les intégrismes et autres fondamentalismes en tout genre ne se sont jamais aussi bien portés. Comment se retrouver dans des tendances aussi contradictoires ? Luc Ferry et Marcel Gauchet éclairent ici notre perplexité par une réflexion qui n'hésite pas à convoquer la longue durée. Nous assistons, s'accordent-ils tous deux, à un double processus que Marcel Gauchet avait décrit dans son livre *Le désenchantement du monde* (Gallimard, 1985) : d'une part, la « sortie de la religion » et, d'autre part, l'« individualisation du croire ». En effet, ce qui s'efface définitivement, c'est une vision du monde de part en part structurée par la religion (comme hétéronomie), une conception où le religieux imprègne tous les secteurs de la vie publique et privée. Nous sommes tellement sortis de cet univers que c'est désormais au nom du libre choix personnel que nous revendiquons – ou non – une croyance religieuse. Pour autant, le religieux, comme aspiration vers l'absolu, comme quête de sens comme interrogation sur la mort, est très loin de disparaître à l'âge contemporain : il persiste même comme une béance que même les réductionnismes les plus radicaux ont du mal à combler. On comprend ainsi comment, de nos jours, dépérissement des religions et permanence du religieux peuvent aller de pair.

Reste alors à penser le statut de ce religieux-là, inquiet, problématique et incertain, dans un univers laïcisé. Comment penser le religieux après la religion ? C'est sur ce point que les analyses de Luc Ferry et de Marcel Gauchet divergent radicalement. Leur désaccord s'était exprimé, d'une manière quelque peu implicite et rapide dans certains de leurs ouvrages [1]. Le *Collège de philosophie* les a invités à expliciter leur différend à l'occasion d'une séance de son séminaire public. L'échange eut lieu à la Sorbonne le 9 janvier 1999 : ce livre en présente la retranscription, revue et corrigée par les auteurs. Rappelons ici quelques éléments de contexte qui permettront au lecteur de saisir le sens de leurs positions respectives.

Pour Luc Ferry l'époque contemporaine se caractérise par le croisement de deux processus : d'une part, ce qu'il appelle l'« humanisation du divin », soit le fait que toute l'histoire culturelle moderne consiste en la *traduction* des contenus théoriques et pratiques de la religion dans le langage de l'humanisme, autrement dit : dans un langage qui soit compatible avec l'individu posé comme valeur cardinale. D'autre part, la « divinisation de l'humain », c'est-à-dire le fait qu'au cœur de cet individualisme auto-

1. Luc Ferry, *L'homme-Dieu*, Paris, Grasset, 1996, p. 54, note ; Marcel Gauchet, *La religion dans la démocratie*, Paris, Gallimard, 1998, p. 64, note.

nome – condition de l'homme moderne – réémerge de la transcendance : une transcendance non plus verticale (entre les hommes et l'au-delà) mais horizontale (entre les hommes eux-mêmes).

C'est ce double processus qui ferait de l'humanisme contemporain un *humanisme de l'homme-Dieu*. Au sein de cet humanisme, unique alternative à une interprétation matérialiste et immanentiste de la vie humaine, le religieux ne serait pas promis à dépérir, mais au contraire à trouver sa forme la plus authentique. Pour Luc Ferry, la « vraie » religion – c'est-à-dire la religion la plus conforme à l'aspiration humaine –, ne serait pas derrière, mais devant nous, comme un horizon à élaborer.

Marcel Gauchet, pour sa part, conteste cette alternative du matérialisme et de l'humanisme de l'homme-Dieu, considérant qu'une interprétation radicalement non religieuse de la transcendance est possible. Il persiste ainsi dans l'idée que nous vivons l'époque d'un éloignement et d'une séparation sans cesse accrue de l'homme d'avec Dieu. C'est cette séparation qui aurait atteint aujourd'hui son ampleur maximale, de telle manière que l'humanisme contemporain, qui serait à penser ou à inventer de nos jours, ne serait pas celui de l'homme-Dieu, mais au contraire celui de *l'homme sans Dieu* et de l'homme *définitivement* et *irrévocablement* sans Dieu. La figure historique du sacré est vouée à dépérir au profit d'un « absolu terrestre », dont les modalités et les formes restent encore à identifier. Que deviendra l'exigence humaine du sens ultime, maintenant qu'elle est orpheline du secours des discours religieux traditionnels ?

Tels sont les termes du débat. Le lecteur décidera par lui-même du chemin qu'il lui plaira de prendre dans ce parcours multiséculaire qui engage aussi le devenir humain. Mais il sera, pensons-nous, conquis par la qualité de l'échange qui ne cède ni à la vaine polémique ni au compromis facile. Si chacun des auteurs est au final resté sur ses positions, aucun n'est sorti totalement indemne de la discussion : la nature du désaccord, sa portée et ses enjeux s'en sont trouvés approfondis et clarifiés. Pour preuve : les développements qui seront donnés à cet échange.

Depuis 1999, en effet, l'œuvre des deux auteurs s'est considérablement enrichie. Luc Ferry a publié *Qu'est-ce qu'une vie réussie ?* (Grasset, 2002), où il développe l'idée d'une reconfiguration humaniste de la question religieuse. De son côté, Marcel Gauchet a fait, entre autres, paraître un livre d'entretien, *La condition historique* (Stock, 2003), qui ne constitue pas seulement une introduction à son travail, mais une véritable synthèse, voire la clé de son projet philosophique et historique.

A lire ces deux ouvrages, on y perçoit une suite et un approfondissement des thèses présentées ici. La question « qu'est-ce qu'une vie réussie ? » fournit à Luc Ferry un fil conducteur pour étudier les métamorphoses de ce qu'il appelle ici « la figure métaphysique du religieux ». Sous ses trois dimensions, théorique, pratique et sotériologique, cette figure émerge avec la philosophie grecque et poursuit son destin dans le christianisme – qui se concevait lui-même comme un dépassement des sagesses antiques –, et jusque dans les dispositifs contemporains apparemment les plus éloignés de ces préoccupations, à savoir le « matérialisme » nietzschéen. Quelle forme peut prendre la reformulation humaniste et individualiste de cette question directrice de l'existence personnelle ? C'est à l'identifier que Luc Ferry consacre la dernière partie de son livre, déployant ainsi les jalons posés dans la présente discussion. La sagesse de l'homme-Dieu, loin de laisser la place à l'orgueil et à la démesure (l'*hybris* des Grecs), va tenter de trouver en l'individu fini et mortel les ressources de sa justification, de son salut et de sa grandeur.

Marcel Gauchet, pour sa part, apporte également un certain nombre de compléments permettant de préciser les formes que serait susceptible de revêtir l'« absolu terrestre » dans un monde désenchanté. Il y a, dit-il, à notre époque, des expériences profanes du religieux ou encore de « la religiosité qui s'ignore » (*La condition historique*, p. 311-312) : « Beaucoup de jeunes rêveurs qui se veulent modernes jusqu'au bout des ongles et qui se pensent affranchis de ces vieilleries à peine imaginables sont des mystiques sans le savoir à la recherche d'une expérience spirituelle. Fête, transe, vertige, états modifiés de conscience obtenus par la musique ou par des substances idoines : c'est toujours l'accès à un autre ordre de réalité qu'il s'agit. La place prise par les drogues dans nos sociétés s'explique par là pour une part non négligeable. Elle relève de l'aspiration à fuir la prison du quotidien. » Mais ce ne sont pas là les seules manifestations : « Il faudrait parler dans le même sens de l'ascèse sportive... de ce qui se joue dans le travail sur le corps, l'éthique de l'effort, la quête du dépassement de soi. » Jusqu'à « l'expérience de l'art », qui dénuée de son rapport spéculatif au sacré, demeure « une expérience intime d'ordre spirituel pour beaucoup de gens... Ce qui se cherche dans l'extase musicale ou dans le ravissement par le verbe, c'est le passage dans un monde impalpable et plus plein que celui qui nous est ordinairement donné ». Bref, conclut Gauchet, « l'animal métaphysique ne se connaît plus pour tel, mais cela ne l'empêche pas d'exister ».

Comment penser cet animal métaphysique qu'est l'homme ? Et comment le penser aujourd'hui que les dispositifs religieux se sont effacés dans leur force d'évidence et de contrainte ? Tel est donc bien le fond du problème et du dilemme. Cet excès de l'homme par rapport à sa propre nature, faut-il l'interpréter comme le signe qu'il y a en lui-même plus que lui-même : du divin, au sens où l'entend Luc Ferry ; ou, au contraire, ainsi que le pense Marcel Gauchet, faut-il n'y voir que la manifestation de la condition humaine, simplement et exclusivement humaine ? Bref, est-ce un possible réenchantement ou un radical désenchantement qui se dessine à l'horizon du monde à venir ?

Eric Deschavanne
Pierre-Henri Tavoillot

Pierre-Henri Tavoillot

Le Collège de philosophie est particulièrement honoré et heureux de recevoir Luc Ferry et Marcel Gauchet pour débattre de la question des rapports entre philosophie et religion. Cette discussion est très attendue, pour au moins deux raisons.

Pour qui vous lit de près, à la fois dans la compréhension et dans l'extension de vos œuvres, la proximité de vos perspectives et de vos ambitions intellectuelles est frappante. Il s'agit, dans les deux cas, rien moins que du projet de penser les métamorphoses modernes de la culture, d'interroger la réinvention contemporaine de l'humanité sous ses aspects les plus significatifs : spirituel, politique, éthique, psychologique, esthétique...

Mais, à vous lire d'encore plus près, on découvre, au fil de vos notes en bas de page, comme une discussion plus discrète témoignant, au-delà de la différence entre vos démarches respectives – plus philosophique pour l'un, plus historique pour l'autre –, de nuances, voire de francs désaccords sur le diagnostic et l'interprétation.

J'en note deux en passant et pour mémoire : l'un, qui concerne la périodisation de l'histoire de la subjectivité ; l'autre la nouvelle articulation du privé et du public dans les sociétés contemporaines. Je n'y insiste pas, car le point qui va nous occuper aujourd'hui est bien assez vaste : il concerne la place du *sacré* à l'âge laïc. Est-il voué à disparaître ou trouve-t-il une nouvelle configuration dans l'horizon de l'humanisme ? En quel recoin de nos sociétés d'individus, les grandes questions sur le sens de l'existence vont-elles désormais se nicher ou se cacher ? Bref, que devient le religieux après la « sortie de la religion » ? Je laisse, pour commencer, la parole à Luc Ferry.

Luc Ferry

En relisant Marcel Gauchet pour préparer cette rencontre, je me suis demandé si les désaccords que l'on relève entre nous sont bien réels ou seulement fictifs. Ce serait aujourd'hui une bonne occasion d'essayer de le mesurer. Parmi les trois différends qu'évoquait Pierre-Henri Tavoillot, il me semble en effet que celui qui, s'il existe, est le plus important, c'est celui qui semble porter sur l'usage du mot sacré et sur la légitimité ou non de parler comme je le fais de « divinisation de l'humain », voire de rapport au sacré ou de « spiritualité laïque ». Ce vocabulaire est-il aujourd'hui légitime ? N'est-il pas abusif ? C'est cela, sans doute, qui peut susciter le principal différend. La question de la périodisation de l'histoire de la subjectivité m'intéresse beaucoup, mais c'est une question qui est, avouons-le, relativement marginale par rapport à celle de la légitimité d'un discours sur la spiritualité ou sur le sacré qui ne serait pas un discours purement historique ou historien, un discours qui accepterait ces catégories comme des catégories encore légitimes aujourd'hui. Je crois que c'est *le* point central et autant aller directement – s'il y a divergence entre nous (nous le verrons tout à l'heure) – à l'essentiel.

Je partirai du dernier livre de Marcel Gauchet [1] dans lequel il y a une petite note

1. *La religion dans la démocratie*, Paris, Gallimard, 1998, p. 64.

qui me concerne et qui paraît, du moins à première vue, très claire. Elle correspond à un passage dans lequel Marcel Gauchet explique justement que l'homme et Dieu sont séparés comme jamais ils ne l'ont été dans l'histoire de l'Europe et probablement dans l'histoire du monde et que, dit-il, nous sommes sortis de l'ère d'une autonomie à conquérir contre l'hétéronomie. Autrement dit, ce processus de conquête de l'autonomie est achevé. Nous vivons définitivement dans un monde sans Dieu, dans lequel l'homme est tout à fait séparé du divin. Thèse que vient renforcer, donc, la note suivante : « On ne peut se tromper davantage dans le diagnostic à mon sens que ne le fait Luc Ferry en parlant d'humanisation du divin et de divinisation de l'humain. Nous avons affaire exactement à l'opposé à une dynamique séparatrice qui désanthropomorphise le divin et ôte de l'humain tout ce qui pourrait encore subsister en lui d'une participation même lointaine au divin. » Et par conséquent, ajoute Marcel Gauchet, parler d'humanisation du divin et de divinisation de l'humain, comme je l'ai fait dans *L'homme-Dieu*, c'est-à-dire imaginer que ces deux termes soient aujourd'hui en voie de rapprochement ou même rapprochés est l'erreur par excellence, puisque l'histoire de l'Europe conduit au contraire à manifester leur séparation radicale et probablement définitive.

Je crois que c'est le point en effet sur lequel il faut que nous réfléchissions, savoir s'il s'agit vraiment d'une opposition – ce qui est possible, je n'exclus pas cette hypothèse mais je n'en suis pas absolument certain – ou, au contraire, davantage d'une querelle de mots que de fond – ; mais, encore une fois, quand je dis que je n'exclus pas les deux possibilités, c'est vraiment que je n'en sais rien, parce que la note de Gauchet n'est pas, en vérité, très explicite : elle exprime un rejet davantage qu'elle ne l'explique.

Pour essayer de tirer cela au clair, je voudrais faire quelques remarques qui partiront d'abord du problème central à mes yeux qui est le problème de la définition du religieux. Car évidemment quand on parle de « sacré », de « divin », de « religieux », de « spirituel », tout dépend de ce que l'on met sous ces termes. La question est donc de savoir si en parlant d'un rapprochement, comme je le fais, entre l'humain et le divin ou au contraire d'une séparation totale, on exprime vraiment des points de vue aussi contradictoires qu'il y paraît au premier abord.

Qu'est-ce que Marcel Gauchet entend par le religieux ? Je pense qu'il retient trois grandes caractéristiques du religieux qui me paraissent former, en effet, une définition légitime et cohérente – une définition que je ne remets pas en cause, mais dont je ne pense pas pour autant qu'elle soit la seule possible.

1) Le premier trait, c'est, au sens large, l'hétéronomie : le religieux est un principe extérieur et supérieur à l'humanité. Notamment dans le rapport à la loi, c'est l'idée que la source de la loi est la fois extérieure et supérieure aux hommes. C'est en ce sens que Marcel Gauchet a évidemment raison de dire que le religieux « le plus religieux » est à l'origine de l'histoire, notamment dans les sociétés sauvages ou primitives, peu importe le nom qu'on leur donne. Le vrai religieux, si je puis dire, est à l'origine, puisque c'est à l'origine que l'extériorité des sources de la

loi ou de l'organisation sociale et politique en général est la plus grande. Autrement dit, le religieux n'est pas simplement *l'hétéronomie*, c'est-à-dire le fait que la loi vienne d'ailleurs que de l'humanité elle-même, mais d'une certaine façon le *déni de l'autonomie*, c'est-à-dire le fait que les êtres humains refusent de s'attribuer à eux-mêmes l'organisation sociale, l'histoire, la fabrication des lois, et que refusant de se percevoir eux-mêmes comme source de l'organisation sociale, de la loi et du politique, ils extra-posent cette source vers une transcendance, une extériorité, une supériorité et, pour tout dire, une dépendance radicales.

2) Deuxième grande caractéristique : si on entend le religieux en ce sens – et vous voyez bien que l'originalité du travail de Marcel Gauchet est de partir d'une définition *politique* du religieux, c'est-à-dire qu'il s'agit de comprendre le religieux dans son lien à l'organisation sociale et à la loi, et presque toutes les objections qu'on lui fait d'ordinaire tombent parce que la plupart du temps elles ne tiennent pas compte de cette particularité de sa définition –, donc si on

comprend bien que la définition du religieux que donne Marcel Gauchet est liée à la question de l'organisation politique et de la production de la loi, on comprend aussi que le religieux appartienne bien, en effet, dans l'histoire de l'Europe, au passé. Il appartient à un temps révolu, et c'est là sa deuxième caractéristique, non pas simplement au sens où l'on pourrait dire : « voilà : les grandes idées religieuses ont disparu, nous vivons dans des sociétés où la sécularisation, la laïcisation ont produit leurs effets, etc. » – et c'est d'ailleurs pourquoi Marcel Gauchet rejette à juste titre l'usage des termes sécularisation ou laïcisation dans sa propre perspective. Mais le religieux appartient au passé en un sens beaucoup plus profond et beaucoup plus structurel : ce n'est pas simplement que l'on serait sorti des *naïvetés* religieuses, si vous voulez ; c'est le fait que le religieux, entendu en ce sens, appartient à des formes d'organisation politique *traditionnelles* dans lesquelles la loi est pensée comme l'héritage d'une tradition qui, elle-même, s'enracine dans un passé immémorial et finalement divin. Or c'est cette structure de l'organisation sociale dans laquelle la temporalité appartient au passé qui est, par excellence, aujourd'hui éteinte, dans la mesure où depuis, en gros, la Révolution française – on pourrait même montrer comment cela s'enracine dans la naissance de l'État – nous avons des sociétés organisées à partir de l'idée d'auto-institution – l'idée que les hommes font leur histoire, fabriquent la loi, notamment avec la naissance des Parlements et surtout l'idée que la temporalité de ces sociétés se pense à partir de l'avenir. Comme le disait Clastres [1], un chef indien qui aurait voulu être élu – enfin l'idée d'élection n'a pas de pertinence ici, mais il s'agit d'une image – un chef indien aurait dit : surtout je ne changerai rien à la société dans laquelle je vis, car l'innovation est un péché par excellence. Vous voyez bien aujourd'hui qu'un homme politique qui se présenterait aux élections avec pour seul programme la promesse solennelle que, surtout, il ne changerait jamais rien, aurait quand même relativement peu de chances d'être élu. On a là une structure de temporalité tout à fait diffé-

1. *La société contre l'Etat*, Paris, Minuit, 1974.

rente. Si j'y insiste un peu en prenant volontairement des exemples simplistes c'est pour dire que l'appartenance du religieux au passé n'est pas une appartenance superficielle – ce n'est pas comme si dans une vision positiviste ou historiciste on se disait : c'en est fini des illusions de la religion comme de toutes les vieilles superstitions vaincues par les Lumières de la raison et de la science, etc. Ce n'est pas ce que Marcel Gauchet veut dire lorsqu'il décrète que le religieux appartient fondamentalement au passé –, il veut dire que, *structurellement*, l'idée religieuse telle qu'il la définit, est liée à des sociétés traditionnelles. Cela ne signifie pas évidemment qu'il n'y ait plus de croyants – probablement y a-t-il dans cette salle même environ 60 % de chrétiens – mais que la religion est devenue une opinion particulière parmi d'autres, une croyance personnelle parmi d'autres et qu'elle ne structure plus l'espace public et n'est plus la source de la loi.

3) La troisième caractéristique, c'est que, comme on le pressent inévitablement dans cette perspective, la religion n'est pas une « disposition naturelle » de l'humain en

général, au sens que Kant donnait à cette expression. Ce n'est pas une disposition métaphysique de l'homme. Autrement dit, le besoin religieux n'est pas – ou, en tout cas, rien ne permet de l'affirmer avec certitude – quelque chose comme une des catégories transcendantales de l'expérience humaine, comme si la religion était inscrite de toute éternité et pour toute éternité dans la configuration essentielle de l'être humain. La religion appartient au contraire à une période passée et dépassée de l'histoire. Elle a un début et une fin et on peut imaginer une organisation sociale des êtres humains qui soit une organisation définitivement sans religion sans pour autant que les vieilles menaces de l'Église ne nous tombent sur la tête et que, forcément, ces sociétés sans religion, ces sociétés purement humaines, soient vouées au totalitarisme ou, que sais-je, à quelque catastrophe que ce soit, à l'immoralisme, au matérialisme, etc. Tout cela est écarté, me semble-t-il pour le coup à juste titre, par Marcel Gauchet. Cela dit, le corollaire de ce « coup de balai », si je puis dire, c'est que la religion n'apparaît plus comme une disposition métaphysique, essentielle à l'humanité, mais comme un moment historique lié à une organisation sociale et politique particulière.

Sur les trois points, je vais vous dire très franchement ce que je pense : si on se place dans la perspective politique adoptée par Gauchet, il a évidemment raison. Et, encore une fois, la plupart des objections qu'on lui fait, me semble-t-il, tombent – du type : mais, regardez la revanche de Dieu aujourd'hui, les Journées mondiales de la jeunesse chez nous et l'islam à nos portes. Tout cela, je crois, ne gêne guère Marcel Gauchet. Dans le premier cas, il s'agit malgré tout de manifestations privées de la religion : même si elles transparaissent dans l'espace public, elles ne risquent pas de réapparaître comme figure de l'organisation publique ou, encore moins, comme un principe fondateur. Dans le second, on parle de peuples et de pays qui n'ont jamais connu la laïcité ni la démocratie et qui, le plus souvent, se sont rabattus sur la religion pour retrouver une « identité nationale » forte dans le cadre des processus de décolonisation.

Pourtant, si on envisage une autre définition du religieux, on peut – sans être en désaccord fondamental, me semble-t-il, avec Marcel Gauchet dans la perspective qui est la sienne et qui me paraît, encore une fois, sur son terrain du moins, peu contestable – on peut arriver à des conclusions très différentes des siennes. Sont-elles pour autant contradictoires ? C'est possible, mais, contrairement à Marcel lui-même, je n'en suis nullement certain *a priori*. Il faut ici, il me semble, se donner la peine de penser un peu au-delà des apparences, si ce n'est pas trop demander.

On peut distinguer au moins trois grandes définitions du religieux.

Selon la première, qui prend son plein essor au XVIIIe siècle et poursuit sa longue histoire chez Feuerbach, chez Marx, Nietzsche et Freud, la religion serait à comprendre comme opium du peuple, comme nihilisme, comme névrose obsessionnelle de l'humanité, avec toujours une même structure, celle du « fétichisme » : une activité intellectuelle, mi-imaginaire, mi-rationnelle, qui fabrique un produit, en l'occurrence l'idée de Dieu, puis s'empresse d'oublier que c'est elle qui en est de part en part l'auteur. Au fond, le principe de cette critique est déjà contenu dans la fameuse phrase de Voltaire que je cite de mémoire : Dieu a créé l'homme à son image, l'homme le lui a bien rendu. Je n'insiste pas. Cette définition de la religion comme superstition, hypostase fétichisée ou aliénation ne nous intéresse au fond ni l'un ni l'autre, sinon de façon marginale.

Il y a une deuxième définition du religieux. C'est la définition politique au sens fort, celle dans la perspective de laquelle se situent les travaux de Marcel Gauchet – je n'y reviens pas, je viens de l'évoquer.

Une troisième définition du religieux se situe sur un plan, non plus historique et politique, mais philosophique et métaphysique : le religieux, tout simplement, si j'ose dire, comme discours qui porte sur le lien entre le fini et l'infini, entre le relatif et l'absolu, avec une question centrale : la question de la finitude ou, pour parler clair, de la mort. Cette figure métaphysique du religieux est, à certains égards, relativement indépendante de la définition politique qui est donnée par Marcel Gauchet. C'est la définition que vous retrouvez – et c'est là une façon de voir que j'ai déjà défendue d'ailleurs dans un article du *Débat* [1] – *dans* la philosophie moderne, au moins depuis Descartes. Il me semble en effet que la philosophie moderne ne peut se comprendre véritablement que comme une tentative de traduire dans un vocabulaire qui est celui de la raison, *donc* dans des concepts par essence même *laïcisés*, les grands discours religieux, à commencer évidemment par le discours chrétien.

L'exemple le plus parlant est sans doute celui de l'hégélianisme. *La phénoménologie de l'esprit*, comme vous le savez, raconte le trajet d'une conscience que Hegel appelle la « conscience naïve », la « conscience naturelle », comme il dit encore parce qu'elle émerge à peine de la nature, c'est-à-dire l'être humain, fini et ignorant, qui par étapes se rapproche de l'Absolu, c'est-à-dire de Dieu, de l'entendement infini, de ce « savoir absolu » qui n'est évidemment qu'un des noms du divin. Le projet de Hegel est de faire en sorte que cet étrange itinéraire par lequel l'être humain rejoint Dieu, l'être fini

1. *Le débat*, « La philosophie qui vient », n° 72, nov.-déc. 1992.

rejoint le savoir absolu, ce trajet qui est effectué par la foi dans la religion (ce « coup de pistolet » qui nous propulse dans la fusion immédiate avec Dieu), soit au contraire opéré par la philosophie au sein de cet élément profondément laïc qu'est l'élément de la raison. Je crois qu'en un sens qu'il faudra un jour préciser, cette trajectoire de *La phénoménologie de l'esprit* vaut de façon emblématique pour toute la philosophie moderne – pas simplement pour Hegel, mais déjà pour Descartes, et même pour Kant. La philosophie occidentale moderne pourrait en effet se définir comme une tentative de retraduire les grands concepts de la religion chrétienne à l'intérieur d'un discours laïc, c'est-à-dire d'un discours rationaliste. D'une certaine façon, la Déclaration des droits de l'homme – sur un tout autre mode et dans un tout autre registre – n'est bien souvent pas autre chose que du christianisme laïcisé ou rationalisé. Je parle ici du contenu et non pas des actes déclaratoires ou de l'histoire de la Déclaration ; je parle des valeurs qu'elle véhicule et qui n'ajoutent pas grand-chose, me semble-t-il, aux valeurs chrétiennes. Au fond, il me semble qu'il n'y a pas de découverte bouleversante de nouvelles valeurs ou d'une nouvelle morale au XVIIIe siècle en Europe, mais plutôt une laïcisation des valeurs traditionnelles du christianisme.

Dans cette perspective d'une définition du religieux comme rapport à l'Absolu, donc avec cette question centrale dans la philosophie moderne qu'est la question de la finitude, les trois caractéristiques du religieux selon Marcel Gauchet, sont évidemment contestables, parce que l'on se place d'un point de vue tout à fait différent. Ici, la religion n'est pas forcément l'hétéronomie. On peut par exemple découvrir du religieux à partir d'expériences tout à fait autonomes, ces *Erlebnisse*, expériences vécues, dont parlait notamment Husserl. Ou plus exactement, on pourrait dire que le religieux apparaît comme *l'horizon* des expériences vécues par les êtres humains – cet horizon de transcendance sur lequel je reviendrai tout à l'heure et qui ne me paraît pas nécessairement voué à l'hétéronomie. La transcendance et l'hétéronomie, ce n'est tout de même pas la même chose. Le religieux n'appartient pas forcément non plus au passé parce que, en tant qu'horizon de certaines expériences vécues par l'individu, il peut tout à fait prendre la dimension du présent ou même de l'avenir. Il n'est pas nécessairement lié ici à une période historique ou à une organisation sociale particulière ; il peut apparaître en effet comme une disposition naturelle à la métaphysique dont l'origine d'ailleurs reste extrêmement problématique, peut-être même mystérieuse, et sur laquelle la réflexion pourrait effectivement – et heureusement – s'appliquer.

Je voudrais développer très brièvement les conséquences opposées, ou en tout cas, apparemment opposées, de cette autre définition du religieux – autre définition qui au demeurant n'échappe sans doute pas à Marcel Gauchet, mais qui, tout simplement, n'entre pas dans son propos. En quoi le religieux, défini très simplement comme je viens de le faire, en son sens purement métaphysique et philosophique, peut-il apparaître, aujourd'hui, au sein même des sociétés laïques comme une dimension légitime et, si j'ose dire tant le mot est usé, « incontournable » de l'existence humaine ? J'en donnerai deux indices.

Le premier, c'est que la notion de transcendance, justement, n'est pas réductible à celle d'hétéronomie ou de dépendance radicale. Dans l'histoire de la philosophie, il existe d'ailleurs au moins deux grandes figures de la transcendance, deux grandes définitions de la transcendance. Il y a d'abord la transcendance telle qu'elle existe en amont de la conscience humaine, *avant* et *au-dessus* d'elle. C'est la transcendance de la Révélation, la transcendance de l'hétéronomie dont parle Marcel Gauchet, la transcendance à laquelle le Pape invite ses troupes à revenir lorsqu'il dit au fond ceci, dans *Splendeur de la vérité* : vous n'êtes pas obligés d'être chrétiens, mais *si* vous êtes chrétiens, alors admettez qu'il y a une vérité révélée, une vérité christique et que cette vérité donnée par Dieu lui-même possède un certain nombre d'implications morales – et fonde ce que le Pape appelle, d'ailleurs à juste titre dans cette perspective, la « théologie morale ». Face à cette vérité, l'attitude qui convient n'est pas celle de l'orgueil cartésien qui entend tout mettre en doute et tout soumettre au crible de l'examen critique au nom du refus des arguments d'autorité, mais celle de l'humilité. Transcendance donc, si l'on veut avec un grand T, transcendance en amont de la conscience, transcendance hétéronome. Celle-là on la connaît. C'est au fond, aussi, celle dont parle Gauchet, même s'il l'inclut évidemment – et c'est un des apports de son travail – dans une perspective politique et historique de structure d'organisation sociale.

Mais il est aussi une autre figure de la transcendance qui, à mes yeux, n'est pas moins transcendante que la première – et c'est là que doit porter le débat. En un sens, je pense qu'elle n'est pas moins religieuse, je pense même qu'elle désigne au plus juste la vérité des religions. Il s'agit d'une deuxième forme de transcendance, d'une transcendance qui n'est pas en amont de la conscience humaine, mais au contraire en aval des expériences vécues, qui n'est donc pas située structurellement dans le passé, mais plutôt dans l'avenir ; une transcendance qui correspond si l'on veut à ce que Husserl désignait comme une « transcendance dans l'immanence », c'est-à-dire l'horizon inévitable et incontournable de nos expériences vécues que ce soit dans l'ordre de la vérité (« 2 + 2 = 4 », c'est transcendant par rapport à la moindre individualité, ce n'est pas une question de goût, cela résiste formidablement au relativisme ambiant), mais aussi – c'est évidemment une métaphore que je prends là – une transcendance dans l'ordre de l'éthique, et pourquoi pas, de la culture. Car là aussi, quoi qu'on en dise si souvent, on a bien le sentiment que nous *découvrons* des « vérités », que nous ne les *inventons* pas – ce qui, on en conviendra, est fort différent, et singulièrement problématique pour l'individualisme et le matérialisme. Transcendance dans l'ordre de la morale, bien sûr, mais aussi de l'esthétique disais-je, et bien entendu aussi dans l'ordre de ce que Spinoza appelait l'éthique, c'est-à-dire, au fond, dans l'ordre de l'amour. Ce n'est pas par *sentimentalisme* que je parle aujourd'hui d'amour, mais parce qu'à l'évidence cette quatrième sphère, au-delà de la vérité, au-delà de la morale, au-delà de l'esthétique et du symbolique, cette sphère de l'éthique au sens de Spinoza mais aussi bien de la *Sittlichkeit* au sens de Hegel, est celle qui nous rapproche le plus du religieux – ce dont, du reste, Spinoza comme Hegel avaient parfaitement conscience. Cette dimension de l'amour fait partie de plein droit de l'histoire de la philosophie moderne.

Je dis qu'à l'horizon de ces quatre expériences, en quelque façon qu'on les vive, il y a la nécessité d'une expérience de transcendance, non sur le mode de l'hétéronomie et de la dépendance, justement, mais dans l'immanence. Ce que je voudrais ajouter, pour que l'on se comprenne bien, c'est que cette transcendance dans l'immanence a une histoire. Ce n'est pas un hasard si le terme apparaît chez Husserl ; elle a une histoire qui s'enracine dans la philosophie transcendantale, et même – si des étudiants avaient envie de faire une recherche sur ce sujet, elle serait bienvenue – elle part de Leibniz, et ce dans les deux domaines de la philosophie, celui de la théorie comme celui de la morale, c'est-à-dire du côté de la vérité et du côté du bien et du mal. En deux mots : pourquoi la théorie kantienne de la vérité est-elle la première figure de cette idée grandiose, me semble-t-il, de transcendance dans l'immanence ? Lorsque le problème de la représentation se pose dans la philosophie kantienne, à partir des années 1770-1771, Kant au fond dit ceci : habituellement on pose le problème de la vérité dans les termes suivants : nous avons des représentations, par exemple une bouteille, et la vérité ce serait l'adéquation de cette représentation de bouteille à l'objet en soi qui lui correspond. Donc l'idéal de vérité serait de faire correspondre nos représentations, nos pensées, et l'objet en soi. La grande révolution kantienne, celle qu'il est convenu de désigner, comme vous savez, sous le nom de révolution copernicienne, consiste à dire que cette position du problème est absurde et que la vérité scientifique ne saurait être un rapport entre des représentations subjectives et des choses en soi, mais qu'elle réside simplement dans une certaine liaison des représentations, une certaine association des représentations, qui vaut universellement. C'est, si l'on ose dire en pensant à Leibniz, un « songe bien lié », grâce à des règles universelles, celles que fournissent à la démarche scientifique les catégories de l'entendement. Autrement dit, la vérité est fondée, par Kant, sans sortir du domaine des représentations, ou pour m'acheminer vers la formule de Husserl : la vérité est fondée dans l'immanence à la subjectivité, mais comme quelque chose qui transcende la particularité de chacun d'entre nous.

Voilà, me semble-t-il, la première figure de la transcendance dans l'immanence. La deuxième se situe du côté de la morale. Kant est celui qui va fonder la morale, peut-être pour la première fois, sans aucune référence ni à Dieu, ni à aucun principe substantiel, par exemple cosmologique, extérieur et supérieur à l'humanité. La morale est purement fondée sur des principes humains, on pourrait même dire humanistes. Mais, en revanche, et c'est ce basculement qui me paraît fondamental pour comprendre la situation du religieux aujourd'hui, le religieux se réintroduit en fin de parcours comme l'horizon des pratiques humaines ; c'est le sens des fameux postulats de la raison pratique, l'idée que la morale n'est pas fondée sur la religion, que si elle l'était ce serait un désastre – c'est donc la fin du théologico-éthique – mais que, en même temps, à l'horizon de nos actions morales, il ne peut pas ne pas y avoir une problématique religieuse, celle ouverte par les fameux postulats de la raison pratique.

C'est, là aussi, une véritable révolution, qui tient à l'idée que le religieux n'est plus en amont de la morale, comme le veut le Pape (la théologie morale), mais qu'il est tout entier en son aval, c'est-à-dire qu'il est tout entier passé du côté, justement, de l'avenir. En d'autres termes, le religieux n'est plus de l'ordre de l'hétéronomie, de la dépendance radicale, mais de l'ordre de la transcendance dans l'immanence. Il n'est plus ce sur quoi la morale va se fonder et qui est extérieur aux êtres humains, mais ce vers quoi la morale tend et qui est pensé à partir de l'autonomie des expériences individuelles.

Évidemment, on pourrait discuter longtemps du bien-fondé d'une telle révolution. Je crois à tout le moins que sa *réalité* est peu contestable et qu'elle ouvre, sur le statut du religieux après la religion, je veux dire au sein d'un monde laïc et désenchanté, une perspective à certains égards tout autre que celle de Marcel Gauchet – ce qui ne signifie toujours pas d'ailleurs qu'elle lui soit opposée, ce qui est encore une autre affaire.

J'ajoute une dernière idée, puisque j'ai suggéré qu'il y avait deux indices de la persistance légitime du religieux au sein du monde démocratique. Premier indice : on peut penser le religieux autrement que comme hétéronomie et comme structure passée ou dépassée. C'est là le fait de ce basculement extraordinaire entre morale et religion qui se produit quelque part au XVIIIe siècle. Deuxième indice : et là, ce serait une discussion avec notre ami Lipovetsky, c'est l'idée que contrairement à ce que suggère parfois son livre, *Le crépuscule du devoir* [1], la notion de sacrifice n'a pas du tout disparu de la problématique morale de nos contemporains. Je pense qu'elle est au contraire tout à fait présente, mais que simplement les motifs du sacrifice se sont humanisés. Comme j'ai longuement tenté de le montrer dans *L'homme-Dieu* [2], en m'appuyant notamment sur les travaux des historiens des mentalités consacrés à la naissance de la famille moderne, on ne se sacrifie plus pour des entités religieuses,

1. Paris, Gallimard, 1992.
2. Paris, Grasset, 1996.

aujourd'hui, en Europe, mais, en revanche, je pense que nombre d'individus seraient prêts à risquer leur vie pour défendre un certain nombre de valeurs, ou tout simplement, pour défendre leurs proches. Pourquoi faire ce constat qui pourrait sembler d'une banalité consternante, j'en ai bien conscience ? Parce que, me semble-t-il, et je reprends là une façon nietzschéenne de décrire le religieux ou le sacré, dès lors que l'on pose des valeurs qui sont supérieures à la vie matérielle, biologique, on entre dans la sphère du religieux. C'est cela que je veux dire. Alors, ou bien l'on dit que c'est une illusion, comme le fait mon ami André Comte-Sponville. Vous trouvez en effet à votre disposition toute une pléiade de discours, nietzschéens, freudiens, marxistes, sociologiques, biologiques (le gène égoïste ou altruiste), etc. qui vous expliquent que l'idée de sacré, en ce sens, est une illusion. Je les comprends bien et j'irai même jusqu'à dire que c'est possible. Mais, à tout le moins, *si* vous admettez que ce n'est pas une illusion, que l'idée du sacrifice de sa vie n'est pas une idée illusoire, mais au contraire, me semble-t-il, une idée tout à fait inhérente à la morale moderne, dans ce cas-là, vous êtes obligés de réfléchir à ce qui fait que dans une société sans religion, dans une société disons globalement matérialiste, la référence à des principes, le cas échéant, supérieurs à la vie ne soit pas devenue intégralement absurde.

Et c'est très exactement cela que je voulais suggérer en parlant de divinisation de l'humain. Je ne veux évidemment pas dire que l'on revienne à du religieux au sens où l'on parle de revanche de Dieu, ou au sens où il y a aujourd'hui, en effet, un syncrétisme mystico-bouddhisto-chrétien, ou ce que vous voudrez d'autre. Ce n'est pas de cela que je parle, mais du fait que l'idée de transcendance n'a pas disparu et que nous ne pouvons pas – et ce sera le sens de ma conclusion – nous satisfaire simplement des morales laïques.

Quand j'ai écrit avec André Comte-Sponville *La sagesse des modernes* [1], le sous-titre du livre était « Au-delà de la morale ». Les morales laïques ont été formidables, me semble-t-il, pour poser et peut-être même résou-

1. Paris, Laffont, 1998.

dre de façon laïque, c'est-à-dire sans l'hypothèse de Dieu, la question du bien et du mal. Finalement que nous dit cette espèce de charte des morales laïques qu'est la Déclaration des droits de l'homme ? Que le fond de la morale est le respect d'autrui, qu'il faut respecter les intérêts, la liberté et la dignité des autres. Très bien. Mais vous pouvez parfaitement respecter les intérêts, la liberté et la dignité d'autrui, vous pouvez appliquer impeccablement les droits de l'homme dans toute votre existence et même aller au-delà des droits de l'homme jusqu'à atteindre la sainteté la plus parfaite. Ce que je dis simplement c'est que cela ne répondra en rien, je dis bien en rien, aux questions existentielles liées à la condition humaine : à quoi sert-il, par exemple, de vieillir, comment éduquer ses enfants, comment penser, comment gérer, si je puis dire, le deuil d'un être aimé, ou comment, tout simplement, lutter contre l'ennui, la banalité quotidienne ? Autrement dit, toutes ces questions, et bien d'autres encore, qui jadis appartenaient à l'orbite du discours religieux et métaphysique, aujourd'hui ne sont pas réglées par le discours moral. Bien plus, le discours des morales laïques ne vous dit, tout simplement rien sur elles.

Je relie ces deux idées entre elles et je m'arrête : I) Il n'est pas exclu que l'idée de transcendance conserve un sens en aval des morales laïques, non plus, donc, sur le mode du théologico-éthique, mais sur le mode, si vous voulez, de l'éthico-spirituel. En ce sens-là, la problématique de la religion ou de la spiritualité n'appartient pas à une structure d'organisation passée.

2) Cette idée, qui me paraît *plausible*, me paraît être *de facto* relativement bien incarnée dans la réalité des sociétés dans lesquelles nous vivons, justement au travers d'une aspiration de plus en plus évidente à l'au-delà de la morale ; une conscience de plus en plus claire, même si elle n'est pas exprimée comme telle, que la morale ne suffit pas. Alors, cela ne veut pas dire que je sois devenu un « immoraliste » comme l'ont bêtement dit certains critiques. Simplement, je me suis rendu compte au cours de ces dernières années, à vrai dire il y a déjà bien longtemps, que les grandes morales laïques ne répondaient pas aux questions auxquelles répondaient, ou prétendaient

répondre, en effet, les grands discours religieux. En ce sens-là, ce déplacement de l'amont vers l'aval me paraît être quelque chose de singulièrement intéressant, pour le dire façon minimaliste. Voilà, en tout cas, les quelques remarques que je voulais soumettre à la discussion.

SORTIE DE LA RELIGION ET PERMANENCE DU RELIGIEUX

Marcel Gauchet

Il n'est pas simple de devoir improviser en réponse à une intervention aussi méditée et construite.

Une première observation pour commencer. Si Luc Ferry a raison, nous assistons à un événement assez notable dans l'histoire universelle des religions, à savoir rien de moins qu'une réinvention de la religion. Ce que son discours évoque, c'est quelque chose comme une refondation de la religion. Et après tout, pourquoi pas ? Il y aurait eu une trajectoire historique des religions, qui s'est déployée pour l'essentiel sous le signe de l'hétéronomie – nous nous entendons sur ce point. Puis à l'âge de la philosophie, c'est-à-dire à partir de ressources purement rationnelles découvertes par le discours philosophique, nous assisterions à l'apparition d'un autre discours religieux profondément différent de ce que les religions ont été dans leur contenu depuis que l'humanité est humanité. La question mérite pour le moins qu'on la regarde avec quelque attention.

Luc Ferry

Je suis d'accord, à ceci près, je crois l'avoir dit plusieurs fois, que ce n'est pas tant le contenu des religions, de la religion chrétienne en particulier, qui est changé, que son statut, en ce qu'elle ne vient plus en amont des expériences humaines, mais en aval, et avec un autre régime de transcendance...

Nous aurons la pudeur de ne pas nous étaler sur les modalités d'organisation de la nouvelle Église. Nous ne parlons que des principes.

Deuxième observation préliminaire : je suis d'accord avec les deux constats descriptifs sur lesquels terminait Luc Ferry même si, pour ma part, je les interprète différemment. Je le mentionne d'entrée parce que ces constats sont d'importance pour apprécier la situation actuelle et la portée des changements que nous vivons.

I) D'une part, il me semble exact que les morales laïques ne parviennent pas à prendre en charge l'ensemble de l'expérience des individus d'aujourd'hui. Le discours moral, tel que nos sociétés l'entendent (c'est-à-dire le réglage du rapport à autrui selon la norme de réciprocité) ne répond pas à tout. Une vaste gamme de questions relatives à soi-même, à la conduite de son existence, à l'orientation de son expérience, échappe au discours moral. Cette carence enregistrée, il se pose la question de savoir comment traiter ces problèmes.

Les religions traditionnelles, les confessions en place, leur apportent des réponses. Celles-ci ne valent plus pour un grand nombre de nos contemporains. Y a-t-il du côté de la philosophie la possibilité de fournir des réponses nouvelles qui n'emprunteraient pas aux discours religieux classiques et qui constitueraient néanmoins des réponses substantielles à ces problèmes ? Ou bien faut-il envisager une autre façon de vivre avec ces problèmes ?

Je suis également d'accord avec Luc Ferry, dans le même ordre d'idées, pour considérer que les notions de sacrifice et de devoir conservent un sens aujourd'hui. Sacrifice et devoir, loin d'être condamnés à disparaître parce qu'ils n'auraient eu qu'un contenu religieux demeurent des perspectives organisatrices, des axes de l'expérience humaine. Il ne faut pas confondre leur pratique et leur signification. Nous n'en faisons peut-être qu'un usage modéré, mais nous avons besoin d'eux pour nous penser. S'obliger impérativement et disposer de son existence en vue d'un but plus haut restent inscrits au cœur de notre rapport à nous-mêmes.

Comme vous le voyez je ne cherche pas à me faciliter la vie.

2) Second point, d'autre part, l'idée de transcendance conserve-t-elle un sens ? De la même manière, je l'accorde sans hésiter à Luc Ferry : oui, elle conserve un sens ! Mais quel sens ? Tout est là. Je me borne pour le moment à poser la question : quel est le statut de cette transcendance qui habite notre expérience ? Peut-on à bon droit la qualifier de *religieuse* si l'on emploie ce terme avec un minimum de rigueur terminologique ? Vous devinez que j'ai les plus grands doutes à cet égard.

Pour entrer dans le fond des choses, maintenant, permettez-moi de revenir brièvement sur ma propre démarche dans l'abord du phénomène religion. Il est probable en effet qu'une partie de la discussion concerne la différence de nos approches et de nos intérêts. Circonscrivons-la pour éviter d'inutiles querelles de mots. Mais profitons-en pour tâcher d'y voir aussi clair que possible dans ce que recouvrent les concepts que nous employons. Car tout se joue en la matière sur la conceptualisation du phénomène.

Ce que j'ai essayé de faire, c'est une histoire philosophique de la religion. Je me suis attaché, au fond, à traiter un problème qui ne paraît plus guère d'actualité, déclin du marxisme aidant, mais qui subsiste : le problème de la nature, de la place et du rôle de la religion dès lors qu'on refuse l'explication de la « superstructure » par les besoins de l'« infrastructure » économique et sociale. Il n'est plus de bon ton de raisonner dans ces termes. Il n'empêche que l'économisme est tellement prégnant, de manière diffuse, dans l'intelligence de l'histoire et du fonctionnement des sociétés que le modèle continue de régner implicitement. Il y a les choses sérieuses et puis il y a un habillage « idéel » qui légitime fantasmatiquement une organisation collective établie pour des motifs solides. Or cette façon de penser interdit absolument, d'évidence, de comprendre la spécificité du phénomène religieux en même temps que son omniprésence dans la quasi-totalité de l'histoire humaine. Il n'est pas seulement dans la tête des acteurs pour leur cacher la réalité de leur monde. Il organise leur monde. Que représente la religion dans ces conditions ? Que manifeste-t-elle ? Que signifie son rôle structurant ? Pourquoi, en un mot, y a-t-il eu religion ? Des énigmes d'autant plus opaques qu'on ne s'en tire pas avec l'idée d'une nécessité invariante de la conscience collective ou de la constitution du social. Car si les religions ont tenu une place déterminante dans la majeure partie des sociétés du passé, il faut constater dans l'autre sens qu'elles ont perdu cette place, progressivement, depuis quelques siècles dans l'histoire européenne moderne. Autant la religion est à prendre au sérieux dans les sociétés anciennes, autant la sortie de la religion est à prendre au sérieux dans les sociétés modernes. La réflexion doit se déployer sur les deux fronts. Il s'agit de saisir au passé les ressorts de cette efficacité structurante du religieux. Et il s'agit en regard de relire le mode de structuration de la société qui se déprend d'une compréhension religieuse de son ordre. Les sociétés ont fonctionné massivement à la religion. Que se passe-t-il lorsqu'une société se met à fonctionner en dehors de la religion ? C'est cela l'enjeu du « désenchantement du monde ». Le constat est en lui-même banal. Encore reste-t-il, une fois qu'on l'a formulé, à élucider les formes qu'emprunte le processus de désenchantement et les conséquences auxquelles il conduit. L'interprétation suppose d'avoir mesuré au préalable ce que voulait dire l'enchantement du monde.

Voilà, très sommairement, pour les données primordiales du problème et pour la manière de le prendre.

L'un des premiers bénéfices de l'approche est de permettre d'échapper au faux débat entre mort de Dieu et retour des religions dont les oscillations périodiques rythment depuis deux siècles la discussion autour de l'avenir religieux de l'humanité occidentale. Le mécanisme est simple.

D'un côté, sur la base d'un fait indiscutable, le recul de l'emprise organisatrice du religieux sur la vie des sociétés, on conclut à la perte de fonction de la religion et donc à sa disparition inévitable (qui ne serait plus qu'une affaire de temps).

De l'autre côté, on part de deux faits tout aussi indiscutables, d'abord la permanence de la foi, ensuite la reviviscence périodique de cette foi pour des motifs tantôt conjoncturels (la Libération), tantôt liés à des mouvements profonds de la culture (le romantisme et le néo-romantisme). A partir de ces deux faits, on annonce le retour imminent du religieux, en procédant à une même extrapolation prophétique. La sortie moderne de la religion n'aurait été finalement qu'une éclipse temporaire et superficielle.

Ni l'une ni l'autre interprétation ne sont tenables : ce à quoi nous assistons c'est aux deux processus simultanément, à une *sortie de la religion* entendue comme sortie de la capacité du religieux à structurer la politique et la société, et à une *permanence du religieux* dans l'ordre de la conviction ultime des individus, avec sur ce terrain un spectre de variations selon les expériences historiques et nationales très large. Dans le cas américain, on aura une société encore très largement imprégnée de religiosité. Semblablement, dans certaines contrées d'Europe, comme, par exemple, l'Irlande, la Pologne et la Grèce, pour prendre les trois cas classiques, où les Églises se sont trouvées dépositaires de l'identité nationale, pour des motifs historiques, on verra subsister une forte insertion du religieux dans l'espace public. En Europe de l'Ouest, en revanche, on observe globalement une débandade des Églises établies et une chute impressionnante des croyances avouées. Peu importe : ferveur américaine ou débandade ouest-européenne, ce sont des phénomènes qui ne touchent pas le point central, la *sortie de la structuration religieuse des sociétés*. Sortie qui n'empêche pas le maintien d'une vie religieuse à l'échelle des personnes. Là même en effet où le recul de la religion, y compris dans le registre de la conviction privée, est le plus avancé, comme c'est le cas en Europe de l'Ouest, il n'implique pas la disparition pure et simple de la préoccupation spirituelle, sans chercher trop à définir celle-ci pour l'instant. Entendons la préoccupation pour les questions ultimes, les questions portant sur la destinée humaine, sur la signification des expériences fondamentales de la vie humaine et sur l'orientation éthique globale de l'existence.

C'est sur cette deuxième part que nous avons à réfléchir – je n'insiste pas sur la première part, puisque nous sommes d'accord à son propos. Le problème qui se pose est celui de cette deuxième part : soit ce qui subsiste de religiosité au-delà du déclin social de la religion, que cette religiosité soit explicitement encadrée par les dogmes traditionnels, ou qu'elle soit spontanée, plus ou moins personnelle, plus ou moins bricolée, plus ou moins sauvage, voire inconsciente de ses attaches religieuses. Cette part existe et cette part est celle qui fait l'objet de la discussion entre nous.

Je ne peux pas l'aborder sans commencer par reconnaître qu'elle échappe à ce dont j'ai eu l'occasion de traiter jusqu'à présent. C'est l'aspect du phénomène religieux que j'ai laissé de côté pour le moment, en tout cas dans ce que j'ai publié, je vais m'en expliquer. Mais j'y ai un peu réfléchi, suffisamment pour apporter une réponse au problème sensiblement différente de celle que Luc Ferry me prêtait, même s'il était en droit de tirer une inférence de ce que j'ai écrit dans le sens où il l'a fait. Je crois néanmoins que l'inférence est inexacte. La question en forme d'objection que soulevait Luc Ferry est la suivante : existe-t-il, comme lui le croit, une disposition naturelle de l'esprit humain à la métaphysique ? Je l'admettrais aussi, tacitement, me mettant par là en contradiction avec moi-même. J'admets en effet quelque chose de cet ordre, mais quelque chose que je comprends tout autrement que Luc Ferry et en pleine cohérence, me semble-t-il avec le reste de mon analyse. La question de Luc Ferry est entièrement légitime. Je la retraduis ainsi, dans la perspective d'analyse qui est la mienne : avec quoi est-ce qu'a pu travailler l'invention historique des religions ?

LA DISPOSITION RELIGIEUSE DE L'HUMANITÉ

Repartons de la thèse fondamentale que les données qui nous sont accessibles me semblent imposer : la religion est *position de l'hétéronomie*, position qui vise à produire une économie déterminée du lien politique et du lien de société, par une intentionnalité inconsciente. La thèse s'inscrit en faux contre l'idée courante selon laquelle la créature angoissée se bornerait à diviniser spontanément les forces naturelles qui la dominent. Il n'est pas difficile de montrer que l'idée est absurde. La religion est, au sens le plus fort du terme, un fait d'*institution*, un parti pris humain-social de l'hétéronomie. Je ne puis entrer ici dans le détail du pourquoi de cette institution et des motifs auxquels elle répond.

Même en supposant qu'on m'accorde la thèse, il reste un point à éclaircir, et il est vrai que je ne l'ai pas fait. Il reste à clarifier la provenance des éléments avec lesquels opère cet acte d'institution. Cette lacune de mon analyse tient à la perspective essentiellement descriptive dans laquelle je me suis situé. J'ai voulu en priorité rendre compte du contenu des religions telles que nous pouvons en suivre l'histoire et les métamorphoses sur une très longue période. J'ai essayé de montrer qu'il existait une formule cohérente de ces transformations, à partir de ce que nous sommes en mesure d'entrevoir des plus anciennes religions et peut-être des débuts de la religion – les transformations qui ont nom naissance des dieux, émergence des religions de salut, apparition du monothéisme et, pour finir, sortie de la religion de l'intérieur d'une religion. Non seulement ces transformations sont cohérentes, mais elles sont congruentes avec les grands changements des formes politiques et sociales – naissance de l'État, dynamique des formes étatiques, avènement de l'État moderne.

Mais ce choix m'a conduit à laisser une question dans l'ombre. Je ne l'ignore pas. Une analyse complète et complètement cohérente se doit en outre de répondre à la question : sur quelle disposition de l'humanité se fonde cette institution qui, par ailleurs, répond à des motifs politiques et sociaux bien déterminés ? C'est l'occasion de donner quelques indications, au moins, quant à la réponse possible. Même si l'on repousse l'idée d'une nature religieuse de l'homme, ou d'une disposition naturelle à la métaphysique, il faut bien qu'il y ait quelque chose comme un substrat anthropologique à partir duquel l'expérience humaine est susceptible de s'instituer et de se définir sous le signe de la religion. Aucune logique politique et sociale ne peut rendre compte de ce avec quoi va se déployer la religion, à savoir *l'investissement humain sur l'invisible*. Qu'est-ce qui dans l'homme donne sens à ce détour par l'autre ? Car c'est en cela que consiste le phénomène cardinal : il réside dans ces dimensions d'invisibilité et d'altérité qui nous habitent constitutivement. L'homme est un être qui, en tout état de cause, est tourné vers l'invisible ou requis par l'altérité. Ce sont des axes dont il a originairement et irréductiblement l'expérience. Il n'y est pas amené par le besoin de connaissance ou de compréhension rationnelle des phénomènes de la nature, comme le voulait une certaine explication éclairée de la religion. Ce n'est pas là l'effet de la recherche en causalité qui engagerait l'esprit à remonter vers les causes premières au-delà des causes visibles. C'est une « donnée » immédiate de la conscience, si j'ose dire. L'homme parle, et il rencontre l'invisible dans ses mots. Il s'éprouve lui-même, irréductiblement, sous le signe de l'invisible. Il ne peut pas ne pas penser qu'il y a autre chose en lui que ce qu'il voit, touche et sent. Il imagine et d'emblée sa pensée se projette au-delà de ce qui lui est accessible ; et se présente à elle. Qui plus est, il se rapporte à lui-même et c'est pour découvrir qu'il peut disposer de lui-même en vue d'autre chose que lui-même. C'est avec ce matériau primordial que s'édifient les religions. Elles n'en sortent pas de façon automatique et linéaire. Il faut tout autre chose pour les définir. Mais ce matériau les rend possibles.

Il y a, autrement dit, une structure anthropologique qui fait que l'homme *peut* être un être de religion. Il ne l'est pas nécessairement. Il a pu l'être historiquement, sur la plus longue durée de son parcours. Il peut cesser de l'être, mais même en pareil cas, ce potentiel de religiosité est destiné à demeurer. Ce qui veut dire en pratique qu'il y aura toujours plus ou moins d'esprits pour se reconnaître dans le passé religieux de l'humanité et que les esprits non religieux n'en trouveront pas moins d'autres emplois de ces dimensions constituantes.

C'est la vraie question devant laquelle nous nous trouvons historiquement. L'ère des religions constituées paraissant bel et bien révolue, qu'advient-il de ce noyau anthropologique sur lequel elles ont fait fond ? Une fois défaite l'organisation collective selon l'hétéronomie qui avait été l'âme des religions établies jusqu'il y a deux siècles, que peut donner cette organisation de l'humain qui a si longtemps porté le religieux ? Non seulement elle subsiste, mais on la voit se dégager de plus en plus nettement pour elle-même. J'ai essayé de le montrer à propos de l'inconscient et des redéfinitions de l'inconscient [1]. Elle continue d'informer notre expérience. A cet égard, si grande que soit la discontinuité, nous restons en continuité avec l'humanité de l'ère des religions. Mais le statut et le rôle de ce noyau anthropologique du religieux sont complètement changés avec le dévoilement de son caractère extra-religieux.

C'est en ce point que je diverge avec Luc Ferry. Nous nous retrouvons sur le constat, mais nous ne le comprenons pas de la même manière, et surtout, nous en appré-

1. Voir l'« Essai de psychologie contemporaine », maintenant dans *La démocratie contre elle-même*, Paris, Gallimard, « Tel », 2002.

cions différemment les conséquences. Je ne puis que récuser les catégories dont Luc se sert pour rendre compte de cette expérience d'au-delà de la religiosité hétéronome.

QU'EST-CE QUE LE SACRÉ ?

Ces ancrages premiers du religieux existent et persistent. Mais est-il légitime de parler de religion à leur propos ? Je ne le pense pas. Je ne peux voir qu'un abus de mot dans cet emploi de la notion.

Je crois que Luc Ferry se livre à un transport indu de catégories du passé religieux dans l'ultra-modernité pour établir une continuité qui me semble largement fictive. Je reprends les trois termes clés de sa démonstration : sacré, humanisation du divin, divinisation de l'humain.

1) Il n'y a pas de mot plus propice à l'erreur que celui de *sacré*. Il faut redire, contre l'abus métaphorique permanent

dont il fait l'objet, que nous n'avons pas la liberté de l'utiliser à la demande, en comptant sur l'aura dont il est chargé pour faire sens. Il s'agit d'une catégorie qui renvoie à un enracinement historique précis. *Sacré*, dans la rigueur du terme, désigne une expérience fondamentale dans l'ordre des religions, qui est la conjonction tangible du visible et de l'invisible, de l'ici-bas et de l'au-delà. Pour être tout à fait rigoureux, le sacré doit être traité, à mon sens, comme une notion historique. Il naît avec le tournant capital de l'histoire religieuse de l'humanité que marque le surgissement de l'État. Les religions « sauvages », pour faire court, sont des religions de la disjonction entre le fondement ancestral et le présent. Le sacré émerge avec la conjonction du fondement (qui devient divin dans l'opération) et du pouvoir qui sera dès lors pouvoir séparé. Il y a sacré quand il y a rencontre matérielle entre la nature et la surnature. Un être sacré – un roi sacré, pour prendre l'exemple par excellence – est un personnage qui en son corps physique, semblable à n'importe quel autre, est habité par l'altérité invisible et par des forces surnaturelles. Une matérialisation de l'autre qui le sépare de tous ses pareils. Pour prendre un symbole qui nous est familier : l'hostie du catholicisme est présence réelle de Dieu dans un objet physique, de par le mystère de la transsubstantiation, conversion d'un signe visible en support du corps du Christ, répétition de l'incarnation. C'est à cette catégorie bien déterminée de phénomènes religieux que s'applique proprement le concept de sacré : l'attestation de l'au-delà dans des lieux, des choses ou des êtres de l'ici-bas.

Or s'il est une catégorie que le désenchantement du monde met à mal, c'est bien celle-là. La « dé-magification » du monde qui a retenu prioritairement l'attention est inséparable d'un processus de désacralisation dont on peut suivre le travail, historiquement, avec une grande précision. S'il est une dimension du religieux dont nous sommes sortis, c'est celle du sacré, y compris pour les consciences les plus croyantes. Tout au plus subsiste-t-il une mémoire de ce qu'a pu être le sacré et des sortes de substituts qui nous trompent. Il est vrai que l'homme de la rue qui tombe nez à nez avec une vedette des médias a l'impression qu'elle « vient d'un autre monde », voire est étonné qu'elle « existe réellement ». Mais il n'a pas une seconde l'idée d'y voir un être surnaturel ! Il reconnaît tout de suite le semblable, trop semblable. En prenant la notion dans sa rigueur, je ne vois pas comment on peut parler de sacré dans le monde actuel autrement que par une dérivation métaphorique qui égare davantage qu'elle n'éclaire. Quand nous disons que la vie humaine est « sacrée », disons-nous qu'elle incarne l'invisible, qu'elle matérialise le surnaturel, qu'elle est habitée par une transcendance, dans le sens religieux du terme – je vais y revenir –, qu'elle tire d'ailleurs la valeur qui exige son respect absolu ? Je ne le crois pas. Il ne s'agit que d'une image que la réflexion critique doit nous garder de prendre à la lettre. Cela n'ôte rien, dans le cas, à la réalité de l'interdit protecteur dont la vie fait l'objet. Mais nous comprenons mal la nature de cet interdit si nous le comprenons à la lumière de la catégorie de sacré.

Il faut sortir de l'alternative pseudo-tragique : ou bien « plus rien n'est sacré » (autrement dit : tout fout le camp, plus rien ne vaut rien), ou bien rien n'a changé (le sacré n'est plus au même endroit, mais il est toujours là, Dieu merci, égal à lui-même). Il y a une supériorité de l'humanité par rapport à elle-même, qui ne mérite pas le nom de sacré, sans que cela enlève quoi que ce soit à la force des prescriptions qui s'y attachent. Nous ne sommes pas enfermés dans un choix binaire entre sacré et profane. A l'intérieur dudit profane il y a des ordres de considérations absolues et des ordres de considérations relatives. La profanation n'empêche pas l'existence d'absolus sans garantie sacrale.

Il s'agit donc bien entre nous de questions de mots, comme le disait Luc Ferry. Mais ces questions de mots engagent l'intelligence du domaine.

2) Dans la religion que tu as fondée tout à l'heure – mais tu en avais déjà jeté les bases avant –, il y a une notion qui me pose un sérieux problème. Je regrette que tu ne te sois pas étendu là-dessus, dans le cadre de la version exotérique que tu nous as pré-

sentée. Pour une bonne religion, dans le monde où nous sommes, il faut un Dieu, – ou à la rigueur des dieux. Et tu n'as pas été très disert sur ce Dieu. Certes, j'ai bien entendu, tu ne parles pas de Dieu, mais de divin. Or c'est justement cela qui me préoccupe. Je comprends le divin quand il y a un Dieu. Mais, en la circonstance, je ne discerne pas d'où sort ce divin. Et je ne le vois aucunement poindre, en particulier, à partir des différentes choses que tu as décrites.

Je vois bien ce que les religions traditionnelles entendent par Dieu, entente dont nous sommes les héritiers. C'est une notion qui a une longue histoire très compliquée, surcompliquée par l'appropriation de l'idée de Dieu par la philosophie rationaliste moderne, de Descartes à l'idéalisme allemand – depuis lors, les philosophes ne sont plus très loquaces sur Dieu. Mais enfin, si compliqué que cela puisse être, nous nous y retrouvons. Nous devinons au moins de quoi il est question.

Or, par rapport à cette acception courante, par rapport au Dieu identifiable par tout un chacun, dans notre culture, ou même par rapport au Dieu parfois abscons des philosophes, je n'aperçois pas ce que peut recouvrir l'*humanisation du divin* dont tu parles. Tout montre, à mon sens, que nous sommes témoins du mouvement contraire. Dieu ne nous est plus pensable, que ce soit dans l'abstrait de la philosophie ou dans le concret existentiel de la croyance, que dans un travail pour le séparer ou l'éloigner de l'humanité. Mouvement très intéressant, soit dit au passage, puisqu'il prend complètement à revers les analyses « superstitiologiques », si j'ose dire, de la religion. Celles-ci, de Feuerbach à Freud en passant par Durkheim, proposent des variations sur un thème unique : la religion consiste fondamentalement dans une projection anthropomorphique. Projection magnifiante de l'essence humaine pour les uns, de la société pour les autres, du père pour les troisièmes. Peu importe, la thèse de base est la même : l'homme s'adore lui-même en ignorant que c'est à sa propre idée qu'il voue un culte.

C'est faux : nous en avons la claire attestation avec le mouvement contemporain qui est en train de désanthropomorphiser le divin. Cela ne veut pas dire qu'il n'y avait pas d'éléments anthropomorphiques qui entraient dans la représentation de Dieu, mais ils étaient en fin de compte secondaires, comme l'établit la dissociation en cours. C'est un événement d'une importance capitale dans l'évolution de la religiosité contemporaine.

Dieu – le Dieu des croyants comme celui des incroyants, j'y insiste – se désanthropomorphise, d'abord, sur le terrain politique et social. Il est contraire à son idée de croire qu'il intervient dans les affaires humaines et dans l'organisation des communautés politiques. C'est ce qui fait qu'il n'y a plus aucun problème d'intégration des chrétiens dans les démocraties. Aux yeux du fidèle le plus zélé, il n'y a pas d'ordre divin. Dieu ne s'occupe pas de nous délivrer des lois. Il y a bien des valeurs chrétiennes qui vont peser sur les choix dans le débat collectif, mais celui-ci obéit à ses raisons internes. Il n'y a plus de sens à la perspective d'une société chrétienne. Le fait d'être croyant n'est pas déterminant dans la façon de se situer sur la scène publique ; il se traduit par des positions qui peuvent être très différentes et qui sont admises comme telles du point de vue des consciences croyantes.

Dieu se désanthropomorphise, ensuite, sur le terrain moral. Il cesse d'être un prescripteur et un rétributeur, tenant un compte exact des conduites. Il a autre chose à faire que de châtier et de récompenser les bonnes et les mauvaises actions. Les enquêtes sur l'évolution des croyances religieuses enregistrent bien ce déplacement. L'enfer ne fait plus recette, le paradis n'est plus plausible comme lieu de délices promis aux justes. La croyance dans la survie personnelle, qui reste forte, se déconnecte du passage par un tribunal des vertus et des vices. L'image de Dieu et de la sphère du divin que la mort permet de réintégrer s'impersonnalise. C'est ici, d'ailleurs, que s'opère la rencontre avec le bouddhisme.

Parallèlement, l'idée du Dieu d'amour, si importante dans la tradition chrétienne, se vide de sens. C'est un trait qui touche au cœur du propos de Luc Ferry. Le principe ultime supposé embrasser toutes choses est certes source d'une bienveillance qui justifie notre présence dans le monde. Mais il n'a plus grand-chose à voir avec le créateur soucieux du rachat et du salut de sa créature. C'est l'aspect du processus de désanthropomorphisation qui place le christianisme le plus en porte-à-faux, sans doute, par rapport à l'état spontané de la spiritualité contemporaine. Le Dieu philosophique divorce décidément, ici, d'avec le Dieu théologique. Mais le point crucial à souligner, c'est qu'au milieu de ces transformations l'idée de Dieu conserve un sens.

La thèse de Luc Ferry doit sa plausibilité et sa séduction au fait qu'elle capte avec justesse une part de ces évolutions. Elle recoupe les transformations du croyable aujourd'hui. En effet, la figure du Dieu vengeur et surmoïque, inhumain à force de puissance et de rigueur n'est plus de saison. A première vue, en ce sens, on est fondé à parler d'une humanisation du divin. Mais ce n'est qu'une première vue. Car lorsqu'on regarde au fond ce qui se cache derrière cet adoucissement de surface, c'est un estrangement que l'on découvre. L'humanisation apparente est introduite par une désanthropomorphisation qui ne laisse Dieu à penser que sous le signe de l'absolument autre que l'homme. L'inimaginable séparé (qui n'est pas l'insondable ou l'ineffable des théologies négatives) est aux antipodes d'un divin humanisé, même s'il peut sous certains aspects y ressembler.

3) J'en viens à la thèse symétrique de la *divinisation de l'humain*. Elle est la pièce maîtresse du dispositif puisqu'elle est ce qui peut fonder la religiosité rationnelle et autonome d'aujourd'hui. L'humanisation du divin épouse le mouvement du croyable contemporain, la divinisation de l'humain exploite les ressources classiques de la philosophie pour hausser l'humain à ce divin qui, prétendument, se rapproche. J'ai déjà dit pour l'essentiel, à propos du sacré, en quoi l'analyse ne me convainc pas. Elle comporte un noyau plausible, là aussi, que je ne songe pas à contester. Il y a dans l'homme de l'absolu, puisqu'il n'y a pas d'autre mot pour désigner l'indérivable, l'irréductible, l'intransigeable que nous rencontrons dans notre expérience de la vérité, d'autrui, de valeurs qui nous font sortir de nous-mêmes. Mais cet absolu mérite-t-il pour autant le nom de divin ? Je ne le pense pas et je suis

même convaincu du contraire. Il est humain, non pas trop humain mais rien qu'humain. Je crois précisément que c'est cela l'originalité de notre situation : en cessant complètement de nous regarder dans le miroir de Dieu, nous pouvons enfin voir l'homme. Grâce à la dissociation d'avec l'absolu céleste, nous sommes pleinement en mesure de penser l'absolu terrestre pour lui-même, en échappant à la fausse alternative de l'absolu religieux ou de la relativité trop humaine.

En fait, tu reprends cette notion du divin aux métamorphoses de la croyance en cours, qui la rendent malléable. Et de là, tu la transportes dans la sphère de l'humain, en faisant semblant de l'en faire sortir. C'est un tour de passe-passe verbal. Ton « divin » n'émerge pas de l'analyse rationnelle des données de l'humain. Il est plaqué dessus. Autrement dit le Dieu de la nouvelle révélation n'est que le Dieu de l'ancienne, déguisé pour la circonstance et logé dans un emploi qui ne peut pas être le sien.

4) Je voudrais ajouter une dernière observation à propos d'une autre notion stratégique, entachée du même abus, celle de *transcendance*. Ton analyse opère un glissement insensible d'une transcendance philosophique à une transcendance religieuse qui me paraît inacceptable. Le passage est habilement conduit, mais il n'en est pas moins un leurre. La transcendance de Dieu est une chose, la transcendance telle que la philosophie moderne nous a appris à la repérer – transcendance des idéalités, transcendance de certaines catégories par rapport à l'expérience, transcendance de certaines normes – est une autre chose. Tu prends tes précautions. Il s'agit, bien entendu, d'une « transcendance dans l'immanence ». Reste que tu réintroduis par ce canal une « transcendance transcendante », si je puis dire, celle d'un divin nouvellement conçu, mais un divin quand même. La transcendance dans l'immanence husserlienne, qui désigne un ordre de choses extrêmement précises…

L. Ferry

... mais très multiples...

M. Gauchet

... mais tout de même assez convergentes, a-t-elle vocation à nous faire rejoindre une transcendance à laquelle on pourrait légitimement donner le nom de l'absolu dans le sens métaphysique ? Je ne le crois pas. Il y a de l'absolu dans l'expérience humaine, là-dessus nous nous accordons. Cet absolu est-il pour autant l'absolu métaphysique ? Là-dessus nous divergeons. Il me semble que ta démarche consiste à nous vendre l'un à partir de l'autre, avec beaucoup d'habileté. Je résiste à l'entraînement. Je campe ferme sur l'absolu terrestre. Je ne discerne pas la nécessité d'en faire un absolu métaphysique et substantiel. Je ne vois au contraire ce pas supplémentaire que comme une analogie inconsistante et trompeuse qui nous interdit de penser cette transcendance dans son vrai mystère d'auto-transcendance sans extériorité métaphysique ni donation surnaturelle.

D'accord, donc, sur le mouvement que tu dégages : la religion n'est plus en amont de la morale. Mais s'ensuit-il que la religion resurgit en aval de la morale ? Je n'en vois pas la raison. La morale, dans ses limites nouvelles, devient un absolu par elle-même : en quoi cela veut-il dire qu'il y a du divin orienté vers l'avenir ? Puisque, si j'ai bien compris ce que tu suggères, il y a du divin orienté vers l'avenir. Mais d'où sort-il ? Je n'en aperçois la source nulle part, si ce n'est dans un tour de prestidigitation et sur la base d'un glissement incantatoire.

Luc Ferry

Eh bien, je vais te répondre, mais, je t'en prie, termine ton raisonnement...

Marcel Gauchet

Je crois que j'ai dit l'essentiel. La discussion a progressé, puisque nous arrivons à cerner exactement le point de désaccord. Le débat entre nous est un débat d'interprétation à propos de faits sur lesquels nous sommes d'accord. La question est de savoir quelles sont les catégories appropriées pour décrire et comprendre ces faits. Ce n'est pas une petite question, puisque tout change dans l'interprétation avec l'optique dans laquelle nous les abordons.

Juste un dernier mot. J'ai laissé de côté une des dimensions importantes que tu as évoquées, en parlant des interrogations existentielles qui ne peuvent qu'échapper aux morales laïques et qui requièrent une spiritualité aux yeux de beaucoup aujourd'hui. Je me contenterai d'une observation à ce sujet. On peut en appeler à une spiritualité, l'existence d'un appel, même vigoureux, ne signifie pas qu'il y aura une réponse. Il me semble que tu conclus un peu vite du fait qu'il y a un besoin au fait que ce besoin sera rempli. C'est une thèse fonctionnaliste dont les limites prédictives ne sont plus à démontrer.

Luc Ferry

Sur ce dernier point, n'étant pas croyant, je n'ai aucune difficulté à te répondre, et à rappeler ce que j'ai dit et écrit si souvent sur ce sujet : non seulement l'existence d'un besoin n'implique pas sa réponse, mais, en général, il la disqualifie. Il y a de grandes chances, en effet, pour que l'objet du besoin soit purement et simplement controuvé. Je suis donc si peu fonctionnaliste en la matière, que ce dernier me semble être au contraire la principale objection contre la croyance religieuse. C'est d'ailleurs pourquoi le religieux m'apparaît moins qu'à toi différent dans ses figures traditionnelles et dans ses visages nouveaux, car à défaut d'avoir la foi, je ne vois ce Dieu ou ce sens de Dieu dont tu parlais tout à l'heure pas davantage chez les anciens que chez les modernes. C'est pourquoi la comparaison entre les deux me gêne infiniment moins que tu ne sembles le penser lorsque tu m'imputes je ne sais quel « tour de passe-passe » : car au fond, je n'ai pas à comparer une religion avec un « vrai Dieu » et une religion étrangement réduite au divin, puisque, dans les deux cas, j'ai le pressentiment que le « vrai Dieu » fait défaut. En revanche, dans les deux cas, c'est la question du rapport à l'absolu, terrestre ou non, qui est pour moi centrale et, d'une part, je ne vois pas que tu puisses toi-même y échapper, d'autre part, j'aperçois mal, je dois dire, en quoi ton absolu « philosophique » diffère de l'absolu religieux : il n'est au contraire pour moi, et cela en fonction d'une très longue tradition (il suffit de lire Hegel pour s'en convaincre), qu'un autre nom du divin. Au reste, toutes les « déconstructions » post-hégéliennes, de Nietzsche à Heidegger en passant par Marx, jetteront ces deux absolus dans le même panier. C'est le point essentiel à mes yeux, et celui qui me semble le moins convaincant dans tes objections. Je vais y revenir.

Je voudrais d'abord dire que nous sommes au moins d'accord sur le point de divergence : a-t-on le droit, pour ainsi dire, de greffer des catégories qui sont celles de la religion, de la spiritualité, du sacré, du divin – et en effet, je ne parle pas de Dieu (et ça tu l'as au moins noté) – mais, malgré tout du divin – sur une philosophie laïque...

Marcel Gauchet

Mais quel est le rapport entre le divin et Dieu ?

Luc Ferry

C'est une bonne question. Je te signale simplement qu'elle est ancienne, et que chez les Grecs déjà, Dieu n'existe pas, mais le divin existe.

Marcel Gauchet

Les dieux existent !

Luc Ferry

Mais le divin ne s'y réduit nullement...

Marcel Gauchet

Parce qu'il y a un syndicat : ils sont plusieurs.

Luc Ferry

Non, ce n'est pas du tout le problème. Le divin, c'est, chez les stoïciens par exemple, l'harmonie cosmique elle-même, en tant que telle, une forme de transcendance dans l'immanence au monde, et c'est elle, et non une ou plusieurs personnes supposées divines, qui nous délivre, si du moins on la comprend adéquatement, de la finitude et des craintes qu'elle suscite. Du reste, dans le livre VI de la *République*, c'est bien déjà du divin que parle Platon et non des dieux au pluriel, ni de quoi que ce soit qui ressemble à ton syndicat... Comme en témoigne l'étymologie du mot « théoria », les Grecs ont déjà du divin une conception qui relève à certains égards de ce que j'entends par la transcendance dans l'immanence : car le divin, au fond, c'est l'ordre du monde en tant que tel, l'harmonie cosmique, qui est à la fois transcendante par rapport aux humains (extérieure et supérieure à eux) et néanmoins parfaitement immanente au réel. C'est déjà l'analogue de cette idée du divin à laquelle j'ai tenté de faire droit dans *L'homme-Dieu*.

Mais permets-moi de revenir à la question centrale, celle que tu me poses et que je me suis bien sûr posée aussi : quelle est la légitimité de l'emploi de ce vocabulaire religieux pour désigner ce que tu appelles fort bien « l'absolu terrestre ». Ce que je commencerais par dire c'est que la notion d'absolu terrestre, pour le coup, je ne la comprends pas chez toi...

Marcel Gauchet

Elle est purement descriptive.

Je comprends bien que tu veuilles t'en tenir prudemment au descriptif, mais je ne crois pas que cela soit possible, à moins d'être rigoureusement matérialiste, et encore, car ta formule, au reste excellente et, sur un mode mineur, rigoureusement analogue à la mienne lorsque je parle de « l'homme-Dieu », ne peut pas ne pas désigner, au-delà des simples constats, le problème philosophique autour duquel je ne cesse de tourner : si on admet la notion d'absolu terrestre, en effet, que veut-on dire ? Veut-on dire, par exemple, qu'en partant des considérations morales les plus élémentaires, nous nous apercevons qu'il y a, pour un certain nombre d'entre nous et peut-être même pour tout le monde, un certain nombre de valeurs, de principes moraux, qui ne sont pas négociables ? Que ces principes sont tellement peu négociables que nous les percevons éventuellement comme pouvant engager le risque de sa propre vie (même si nous sommes en la matière, j'en conviens volontiers, rarement au niveau) ? Est-ce bien cela, en gros, la description ? Si oui, comme je crois bien que tu en serais d'accord, elle va te poser bien des problèmes qu'il n'est pas suffisant, je le crains, de se borner à éluder…

En effet, quand on veut maintenant passer du descriptif à l'explicatif – et comment l'éviter ? – lorsqu'on se demande, par conséquent, d'où vient cette espèce d'absolu terrestre que nous reconnaissons tous les deux, on entre dans les difficultés. C'est du reste pourquoi tout le monde n'accepte pas, fût-ce au niveau descriptif, cette étrange notion d'absolu terrestre : le fond même du matérialisme, marxiste, nietzschéen, biologiste, etc., c'est justement de contester toute légitimité à cet absolu terrestre, de le déclarer radicalement illusoire. Si la notion possède une portée descriptive, ce n'est qu'au sens où elle désigne pour le matérialisme le nœud de tous les délires. J'insiste donc sur le fait que tout le monde ne reconnaît pas cette idée d'absolu terrestre, mais on la rejette volontiers au nom de l'infrastructure, des pulsions, du gène altruiste ou de tout autre instance matérielle que l'on voudra considérer…

Marcel Gauchet

Juste une observation : les tenants du gène altruiste pensent qu'il nous conduit par l'illusion, mais ils ne récusent pas pour autant le fait que ses commandements se présentent à nous comme un absolu.

Luc Ferry

C'est exactement où je veux en venir : si on quitte la sphère de la description, sur laquelle tout le monde est d'accord, puisqu'on peut décrire une illusion ou une vérité dans des termes identiques – même le biologiste le plus réductionniste ou le marxiste le plus radical admettent volontiers que nous avons le sentiment, ne fût-ce qu'au niveau de l'idéologie, de quelque chose comme des valeurs « absolues » – quand on passe, donc, de la description à l'explication de ce sentiment du rapport à l'absolu, il est clair, tu en es d'accord avec moi aussi, que nombre de nos contemporains en feront une généalogie qui conclura à son caractère totalement illusoire. Question au passage : est-ce ton cas ? A toi, bien sûr, de choisir, mais ce choix n'est pas innocent, ni sans conséquences...

Si on confère au contraire à cet absolu terrestre une certaine légitimité et qu'on tente donc d'aller au-delà de la description, si on se dit que ce n'est peut-être pas une pure illusion, mais que ça nous apparaît bien plutôt comme contenant, en quelque façon qu'on l'entende, de la vérité, et qu'on a peut-être raison de le penser ainsi, alors on renoue inévitablement à mes yeux avec une problématique néo-religieuse ou « spiritualiste » pour laquelle, à vrai dire, aucun vocabulaire ne convient tout à fait (il suffit pour s'en convaincre de penser aux embarras de Habermas avec sa notion de « quasi-transcendantal »). Au reste, c'est exactement ce que les matérialistes vont reprocher à une telle attitude, à savoir qu'elle est « religieuse » ou « spiritualiste » tout le problème, à mes yeux, étant justement celui du statut de ce religieux qui vient, en somme, « après la religion ».

J'y insiste encore, car c'est le point crucial dans notre discussion. Peut-être est-ce une erreur que de conférer quelque légitimité que ce soit à l'idée d'absolu, fût-il terrestre. Mais plaçons-nous dans l'hypothèse où l'on choisit, comme je le fais, de percevoir cet absolu comme absolu, c'est-à-dire de percevoir quelque chose, que j'appelle sacré, parce qu'il peut, le cas échéant, légitimer le sacrifice. C'est là que Marcel me dit : mais non, on n'a pas le droit de dire sacré, parce que sacré, c'est l'incarnation d'un Dieu dont on sait bien ce qu'il veut dire : un rapport à l'invisible incarné dans le visible, une transcendance bien réelle, un au-delà qui innerve et irradie l'ici-bas, etc. Et de fait, on ne le trouve pas chez moi.

Voyez donc que moi non plus je ne me facilite pas la tâche et que je prends bien l'objection là où elle est.

Ce que je voudrais seulement que l'on comprenne bien, avant de parler de « tour de passe-passe », c'est que lorsqu'on va de la description à l'explication, on ne peut pas faire l'économie d'une problématique en quelque façon religieuse. A l'extrême limite, on ne peut même pas en faire l'économie en étant matérialiste, parce que si on dit que c'est illusoire, on est quand même obligé de trouver un *fondement* de l'illusion, et, comme l'a bien vu Heidegger, tous les matérialismes finissent par tourner à une onto-théologie où l'infrastructure, les pulsions ou les gènes tiennent le rôle du fondement suprême jadis incarné en Dieu ; mais si on dit que ça n'est pas illusoire, la question se pose de savoir d'où vient cet étrange sentiment d'absoluité. Est-ce qu'il n'est pas justement *quelque chose comme* le sentiment d'une incarnation dans le visible d'un principe qui ne l'est pas ?

Alors Marcel me dira : mais je ne vois pas de Dieu dans tout cela, alors cesse de parler de religieux, de divin et de sacré, sinon tu frises l'imposture. Objection qui suppose, en se parant du bon sens, que l'expérience de ce que les gens appellent Dieu est bien claire, qu'elle est celle de la foi en un être invisible, transcendant, qui cependant s'incarne, etc. Mais pardonnez-moi : pour moi, et toute notre divergence tient peut-être à cela, cette expérience n'est pas claire du tout. Je ne sais pas ce que les chrétiens appellent Dieu et, à vrai dire, je ne l'ai jamais su. Là où il y a un différend majeur entre nous dans la description du phénomène, c'est que, à part lorsque je parle avec des petits enfants qui me décrivent à peu de chose près Dieu comme un grand-père caché derrière les nuages, je ne sais pas ce que c'est que le Dieu des chrétiens. Et j'ai derrière moi pour ne pas savoir ce qu'est le Dieu des chrétiens, toute la philosophie moderne qui en fait une représentation et non une réalité, qui en fait un corps de valeurs transcendantes qui fondent cet absolu terrestre ou qui sont en lien avec lui, ou dont cet absolu terrestre est l'incarnation : incarnation de quoi ? Je ne sais ; évidemment pas en tout cas d'un grand-père barbu ni d'un personnage sympathique et bienveillant prenant la forme que l'on voudra imaginer. La question des philosophes est pourtant essentielle dans cette affaire : qu'est-ce que c'est que Dieu ? Comme je n'en sais rigoureusement rien, je parle du divin, c'est-à-dire de ce sentiment d'absolu aux visages multiples que je découvre au contact de valeurs dont je dois dire et redire, je n'y puis rien, que je ne les ai pas inventées ni fabriquées moi-même, que ce soit dans l'ordre de la vérité, de la morale, de la culture ou de l'amour. Théologie négative, si l'on veut, de valeurs incarnées dont l'origine m'échappe, mais dont les explications matérialistes ne me semblent pas, pour autant, satisfaisantes en ce qu'elles sont du reste, plus théologiques encore !

Pour reprendre les choses dans l'ordre et répondre de manière plus systématique : l'objection que me fait Marcel, je me la suis faite dix fois évidemment. Pourquoi ai-je franchi le pas, ce qui d'ailleurs m'a valu beaucoup de quolibets, parce que ce pas a quelque chose de ridicule dans le contexte intellectuel laïcard qui est encore le nôtre aujourd'hui ? C'est ce que je voudrais expliquer, parce que je crois qu'il y a là quelque chose qui mérite réflexion et qui devrait toucher, justement, Marcel Gauchet, lui qui est sensible aux phénomènes de recomposition liés à ce « formidable basculement » historique des sociétés organisées à partir de l'hétéronomie vers des sociétés organisées à partir du principe d'autonomie, illusoire ou non. Il y a un basculement, en effet, et il serait très étonnant que ce basculement laisse intacts les termes du problème. Voilà pourquoi je parle du divin et non pas de Dieu.

Je reprends les choses dans l'ordre en allant à l'essentiel pour montrer pourquoi le réinvestissement du vocabulaire religieux me paraît inévitable.

Premier point : pour moi, je suis là d'accord avec Marcel Gauchet, le débat sur le « retour du religieux », est un débat superficiel et faux. On te fait souvent des objections faisant valoir une prétendue « revanche de Dieu » que j'ai toujours trouvé dérisoires et auxquelles tu as répondu cent fois. Il est clair, par exemple, que la montée de l'islamisme radical ne s'inscrit pas dans la logique des sociétés démocratiques et qu'elle possède des raisons exogènes (liées, notamment, à la décolonisation, aux luttes contre l'impérialisme au nom de l'identité nationale, etc.). Mon discours ne s'inscrit pas dans ce mouvement de balancier auquel je ne crois pas : mort de Dieu, retour de la spiritualité. Ce n'est pas mon propos.

Deuxième point : Le cadre dans lequel je réfléchis, je l'ai indiqué tout à l'heure, c'est la question centrale de « l'amont et de l'aval ». Pour dire les choses simplement : jusqu'à l'apparition des morales laïques, au XVIIIe siècle, on a affaire à une figure bien connue du théologico-éthique, celle où la religion vient en amont de la morale pour la fonder ; c'est cette figure de la théologie morale que le Pape essaie de réhabiliter aujourd'hui en essayant de montrer comment, à partir d'une révélation qui est celle de la vérité christique, se déduit une certaine éthique. Ce qui me paraît crucial dans la *Critique de la raison pratique* de Kant, c'est justement le fait d'une fondation purement humaine de la morale et l'impossibilité, néanmoins, de faire l'économie du religieux. Je crois que ce n'est pas par concession à l'air du temps, ni par fidélité à une survivance traditionnelle que Kant réintroduit le religieux dans la dernière partie de la *Critique de la raison pratique*, mais parce qu'il est animé par une conviction qui me semble pour le coup fort intéressante : celle selon laquelle ce n'est pas parce que le religieux a perdu sa place de fondation de la loi en amont, qu'il n'est pas « appelé » en aval par la loi. Et que cet appel reste sans réponse au sens traditionnel, je le comprends évidemment, puisque je suis sensible aux effets qu'induit ce basculement, comme au mystère insondable de la fondation des valeurs que Kant nomme « transcendantales ». Mais ce qui m'intéresse – et tu devrais, il me semble, y être aussi sensible – c'est que ce basculement par rapport à la loi, ce basculement de l'amont à l'aval, dessine un lieu situé au-delà de la morale et qui est bien celui du religieux. Même si les termes vont changer de sens, les problèmes vont être les mêmes. Le rapport à la morale va se réinstaurer à partir de l'avenir et non plus en fonction du passé. Donc comme un « horizon », pour parler comme Husserl, et non plus comme « fondement » pour parler comme les tenants du théologico-éthique.

Tel est le point central à mes yeux. Voilà au fond la question que je poserai à Marcel : dès lors que la religion est passée du côté de l'aval d'une loi désormais vécue comme purement humaine et qui relève de l'autonomie, le religieux est-il moins religieux pour autant et que voudrait dire, d'ailleurs, ce « moins » religieux ? N'a-t-on pas là l'apparition d'une configuration de problèmes qui sont trait pour trait analogues à ceux des religions traditionnelles, avec cependant tous les coefficients de correctifs que l'analogie implique de mettre en place dès lors qu'ils se situent au-delà de la morale, et sont néanmoins enracinés, sinon fondés sur elle ?

Au fond, dans le dispositif de Gauchet, le religieux devrait disparaître : c'est cela qui me gêne. Sinon il ne doit rester que comme une survivance ou comme croyance personnelle (et non dans le rapport à la loi). Dans le dispositif que Kant commence à peine d'esquisser dans la *Critique de la raison pratique*, le religieux reste dans le rapport à la loi. Il reste structurellement lié à l'organisation même du juridique et de la loi morale, voire à la découverte du caractère universel de la beauté ou de la vérité : il n'est pas réductible à une survivance de croyances individuelles et personnelles, qui permettrait de parler néanmoins de fin du religieux comme tu le fais. Je ne crois pas qu'il y ait une fin du religieux, mais une réinterprétation du religieux dans ce rapport à la loi, j'y insiste, car c'est pour cette raison que mon discours ne s'inscrit pas dans le fameux débat traditionnel entre mort de Dieu et revanche de Dieu.

Troisième point : pourquoi parler de sacré, et je rejoins Gauchet sur la nécessité d'une définition rigoureuse ? Parce que cet absolu terrestre dont nous parlions et que nous percevons au travers de l'expérience morale, mais aussi au travers de l'expérience esthétique, au travers de l'expérience de l'amour, au travers de l'expérience de la vérité (ce pourquoi la notion de transcendance dans l'immanence est multiple), cette notion d'absolu terrestre, donc, renvoie à une transcendance, dès lors que l'on ne l'interprète pas comme purement illusoire. C'est pourquoi on ne peut pas rester dans le descriptif : si tu dis que les gens ont raison de penser qu'il y a de l'absolu, qu'il y a quelque chose qui dépasse leurs propres vies ; si, au lieu de ne pas prendre parti comme historien, tu prends parti comme philosophe ou comme citoyen, et que tu ne parviens pas à tenir cet absolu terrestre pour une pure illusion, alors, tu es obligé, en effet, d'imaginer quelque chose comme un lieu sans doute vide – c'est pourquoi je parle du divin et non pas de Dieu – mais qui est un lieu religieux, puisque ces valeurs qui sont incarnées dans cet absolu terrestre 1) nous relient entre nous (on peut contester l'étymologie, mais peu importe ici : elles façonnent un monde commun) et 2) elles sont d'une origine qui reste en quelque façon mystérieuse, non « fondée » : personne n'a jamais réussi à résoudre la question du fondement de la morale, pas plus d'ailleurs que celle du fondement de la vérité. Il y a ici quelque chose qui est une transcendance reliante et infondable, sauf à retomber dans les errements de l'ontothéologie, fût-elle « matérialiste », et 3) qui est sacrée au moins en ce sens que cet invisible « non-étant » qui s'incarne dans cet absolu terrestre, nous commande de dépasser notre individualité, voire, le cas échéant, de mettre en jeu notre existence même – par où, en effet, je ne crois pas que ce soit seulement un jeu de mots d'aller du sacré au sacrifice.

Il y a bien là, il me semble, une configuration de pensée religieuse, et qui se situe tout à la fois au-delà de la morale, mais aussi, bien davantage paradoxalement, que le matérialisme, au-delà des apories traditionnelles de la métaphysique de la subjectivité.

J'ajouterai encore deux choses :

Quelle est l'origine de cette perception d'un absolu terrestre, de ce sentiment d'une figure inédite du sacré ? Car si on ne va pas au fond des choses, le discours reste encore métaphorique. Cet absolu terrestre, si on ne l'interprète pas comme une illusion des gènes, des pulsions, de la société, de l'histoire, etc., cela oblige, une fois encore, à aller plus loin que la simple description historique. Quand je parle de « divinisation de l'humain », je ne veux évidemment pas dire, comme l'avait suggéré de manière ironique André Comte-Sponville, que les hommes sont si « formidables » et si aimables qu'ils vont enfin prendre la place des dieux : il suffit de se regarder dans une glace, d'observer les misères qui nous habitent et qui nous entourent pour savoir que ce n'est pas le cas. La divinisation de l'humain ne signifie pas que la vie humaine soit en tant que telle sacrée, ce que par ailleurs je ne pense pas : ce n'est pas cela que je juge sacré, puisque précisément, le sacré dont je parle peut exiger parfois le sacrifice de la vie.

Je parle en revanche du fait qui est en question dans les discussions avec les vrais matérialistes, c'est-à-dire de cette transcendance qui est au cœur de l'humanité, de ce « sur-naturel », à proprement parler, qui me paraît être, en effet, le propre de l'homme et qui le rend capable d'une certaine « disposition méta-physique ». Je cite dans tous mes livres le petit passage du *Discours sur l'origine de l'inégalité* de Rousseau sur la différence entre l'homme et l'animal : à chaque fois, je suis obligé de le rappeler car, à mes yeux, cet écart même est le divin en l'homme. Pourquoi je dis le divin en l'homme ? Parce que si on admet cette idée que l'être humain a la faculté de s'arracher ou de s'émanciper de tous les codes, si on admet que la nature n'est pas notre code et que l'histoire ne l'est pas davantage (même si, cela va de soi, elles le sont *aussi* très largement, mais pas entièrement), si l'on admet, donc, qu'il y a une surnaturalité et une transhistoricité en l'être humain, alors on se trouve peut-être en face de l'origine ultime du divin. Et c'est pourquoi quelque chose comme l'idée d'un absolu terrestre peut nous apparaître : quand je parle de divin en l'homme, c'est cela que je vise. Et qu'on ne me dise pas que c'est entièrement trivial, puisque, précisément, c'est là ce qui est sans cesse davantage contesté aujourd'hui, notamment par ce nouveau matérialisme très envahissant que constitue la socio-biologie, maintenant que le marxisme est relativement en mauvaise posture.

Quand je parle ici de « disposition à la métaphysique », je ne pense au fait que les êtres humains seraient des créatures divines, je pense à cette surnaturalité en l'être humain, qui se traduit par deux phénomènes observables qui sont la croix et la bannière pour les matérialistes :

— Le phénomène du mal, du démoniaque, la capacité à être dans ce que les théologiens appelaient jadis la méchanceté, et dont j'ai dit ailleurs pourquoi elle me semblait non réductible à la logique naturelle. Je ne vois pas de méchanceté chez les animaux.

— Le phénomène de l'amour désintéressé, que les Grecs appelaient *philia*, c'est-à-dire, le fait de se réjouir de la simple existence d'autrui.

Ces deux phénomènes de désintéressement, qui sont prémoraux, (et c'est cela qui m'intéresse en eux : ils ne se confondent pas avec l'impératif kantien), qui constituent pour ainsi dire deux expériences prémorales de surnaturalité en l'homme, me paraissent être à l'origine de ce rapport à la transcendance d'un absolu terrestre qui, s'il n'est pas immédiatement dénié comme illusoire, nous oblige à réaménager l'espace du religieux.

Et je termine avec une dernière idée à laquelle il faut faire droit dans ce débat : l'idée qui prévaut habituellement, notamment chez les lecteurs de Marcel Gauchet, et d'une façon plus générale, chez ceux qui voient dans la naissance de l'univers démocratique le passage d'un monde hétéronome à un monde de l'autonomie, c'est qu'après le temps des valeurs héritées du passé, transmises par la tradition et reçues du dehors par les individus, nous serions entrés dans une époque nouvelle où les êtres humains « inventeraient » pour ainsi dire leurs valeurs. Disons-le clairement, cette vision des choses est non seulement simpliste mais radicalement fausse : les êtres humains n'ont jamais fabriqué les valeurs, pas plus aujourd'hui qu'avant. L'autonomie n'a rien à voir avec la fabrication des valeurs. En d'autres termes, qui pourront surprendre certains, les valeurs sont aujourd'hui tout aussi extérieures et supérieures à l'humanité que dans une perspective traditionnelle. Je n'invente pas la vérité, je la découvre : ce n'est pas moi qui ai décidé que 2 + 2 faisaient 4 et, par rapport à cette assertion, ma marge de liberté individuelle est égale à zéro ! Mais je n'invente pas davantage les valeurs morales, les droits de l'homme par exemple, je les découvre comme quelque chose qui s'impose à moi, avec sa cohérence, sa rigueur et, si je puis dire, sa « dureté » propres. D'où, en effet, cette structure du sacré qui leur semble inhérente, cette incarnation d'un invisible dans le visible que je reçois comme quelque chose qui a le caractère du divin ; je ne les ai pas produites ces valeurs et à la vérité j'ai même dans certains cas le plus grand mal à les contester.

Il faut donc être prudent dans l'usage des catégories d'hétéronomie et d'autonomie : on peut être dans un monde de l'autonomie sans devoir ni pouvoir créer des valeurs.

L'autonomie se situe tout au plus dans le choix ou la reconnaissance de certaines valeurs plutôt que d'autres. Les valeurs continuent donc à s'imposer à nous selon un modèle qui, s'il n'est pas perçu comme illusoire, doit nous amener à réfléchir sur la dimension spirituelle et pas simplement morale de cet absolu terrestre dont nous parlions tout à l'heure.

Voilà aussi pourquoi je ne peux pas faire tout à fait l'économie du vocabulaire religieux : que voudrais-tu d'ailleurs que j'utilise comme autre vocabulaire ? Même quand tu parles d'absolu terrestre, que tu le veuilles ou non, ce mot d'absolu est religieux. L'absolu a été le nom de Dieu dans toute la philosophie moderne. Je ne vois même pas ce qu'un absolu terrestre, qui n'aurait pas une dimension religieuse, voudrait dire. Dans ce cas-là parlons seulement de valeurs morales, mais pas de valeurs absolues. Quelle est l'origine de cette absoluité dans un monde où le religieux est désormais en aval de la conscience humaine ? Voilà la question que je pose et je vois mal quel autre vocabulaire utiliser pour cet absolu pratique qui nous relie, dont l'origine est mystérieuse, qui est transcendant par rapport à chacun d'entre nous, et qui nous invite parfois, chose étrange, à dépasser cet attachement qui est pourtant si grand chez chacun d'entre nous aux valeurs de l'existence, aux valeurs de la vie biologique.

Ce n'est donc pas, de ma part, un « glissement » de vocabulaire, mais il s'agit plutôt d'enregistrer le fait que le religieux a changé de place par rapport à la conscience humaine. Du reste, je ne suis pas certain, comme je te l'ai déjà dit, que le contenu du religieux soit si clair dans l'esprit des croyants eux-mêmes...

Marcel Gauchet

Je suis en effet convaincu du contraire.

De nouveau, accord sur le constat et désaccord sur l'interprétation. Tout à fait d'accord avec toi sur le dernier point que tu as soulevé et qui est essentiel quant à la nature de l'autonomie : on ne fabrique pas les valeurs. L'autonomie est la fabrication des lois qui sont au service de ces valeurs. Cela n'a rien à voir.

Luc Ferry

Exactement.

Marcel Gauchet

L'autonomie change deux choses pour être tout à fait précis. Elle change l'interprétation de ces valeurs. Elle transforme la façon de comprendre leur origine, leur raison d'être et les conséquences à en tirer. Et elle transforme les modalités de leur administration pratique, administration pratique qui constitue en propre l'objet du débat politique dans nos sociétés. On n'invente pas les droits de l'homme au sens strict. On les formule à partir d'un stock de valeurs qui n'ont pas attendu 1789, heureusement pour nos ancêtres, pour être reconnues. Mais le fait de les formuler ne leur en donne pas moins un nouveau contenu, de par le nouveau rôle qui leur est attribué au regard de l'organisation collective. Et surtout, le fait de les formuler ouvre une immense carrière à l'invention institutionnelle, dès lors qu'il s'agit d'incarner concrètement ces principes. Le respect de la vie humaine n'est pas un impératif qui date d'hier – « Tu ne tueras point ». Il n'empêche qu'à partir du moment où l'on admet que les êtres humains ont droit à l'existence, le respect de la vie acquiert un autre visage et devient source d'exigences inédites. Il va falloir construire un Etat-providence pour assurer l'effectivité de ce droit à l'existence, difficilement, en tâtonnant pour trouver la bonne formule, au milieu d'une dispute publique de tous les instants. C'est dans ce travail de mise au point que va consister l'invention historique. Mais il faut savoir reconnaître, en deçà de cette invention, la permanence de la valeur de base qui, elle, s'impose à nous sans que nous puissions prétendre l'avoir inventée. C'est sur cette contrainte primordiale, – contrainte que nous sommes d'accord pour reconnaître – que porte la discussion entre nous. Comment interpréter ce fait ? Comment comprendre l'énigme de ce qui nous oblige originellement dans la vérité, le rapport à autrui, l'existence en société, jusqu'à nous faire placer ces valeurs, le cas échéant, au-dessus de notre propre vie ? D'où nous viennent ces réquisitions premières dont je suis également d'accord avec Luc Ferry pour admettre qu'elles s'inscrivent dans une tradition. L'humanité, du point de vue de ses valeurs ultimes, vit en relative continuité avec elle-même. Les mises en forme civilisationnelles sont fort diverses, et la dispersion des coutumes, le disparate des valorisations secondaires ont légitimement frappé les observateurs. Mais, à regarder le noyau dur, l'unité du parcours est assez remarquable. C'est vrai y compris du monde moderne. Autant il faut être attentif à la discontinuité pratique qu'il représente, autant il faut savoir discerner la continuité qui l'unit aux mondes anciens en ce qui concerne des expériences constitutives. Nous ne sortons pas du cercle de l'unité de l'espèce humaine. C'est de ce côté, soit dit au passage, qu'on peut trouver une issue à la fausse querelle de « l'universalité des droits de l'homme ». Ils ont effectivement été explicités à un moment historique donné et dans une société donnée, en produisant des expressions sociales et politiques en rupture avec les sociétés traditionnelles, pour faire vite, y compris la société chrétienne traditionnelle. Cela ne les empêche pas de posséder un enracinement beaucoup plus vaste et beaucoup plus ancien. D'où le fait qu'ils sont susceptibles de trouver un écho bien au-delà de l'aire occidentale, mais en posant, on comprend pourquoi, des problèmes de mise en œuvre pratique qui sont le vrai problème.

Deux réponses à partir de là sur le fond :

Premier point. Tu as dit que dans ma perspective, de manière logique, obligatoire, le religieux est voué à disparaître, même s'il peut factuellement survivre très longtemps. Non. Le noyau anthropologique qui a porté millénairement le religieux est destiné à se perpétuer. Il est donc appelé, entre autres, à continuer de nourrir des expériences et des discours religieux constitués et avoués pour tels. Je tends à croire qu'on trouvera à toutes les époques, de par cette disposition, de la religion dans les communautés humaines, en continuité avec les religions du passé. Sa présence pourra être très minoritaire, elle n'en sera pas moins significative. Mais ce noyau anthropologique me semble destiné surtout à trouver d'autres expressions. Le mouvement est largement engagé. Ce qui passait par les religions est voué à se recomposer en dehors de la religion.

J'ai pointé quelques voies de ce travail de recomposition à la fin du *Désenchantement du monde*. L'expérience esthétique, et de manière plus vaste l'expérience imaginaire, l'expérience de la connaissance, l'expérience psychologique de soi, j'y ajouterais aujourd'hui l'expérience éthique, qui m'avait échappé à l'époque, toutes ces expériences se redéfinissent, s'approfondissent et prennent en importance à partir de ce foyer qui donnait jadis du religieux. Ce sont autant d'expériences de l'autre, de l'invisible et de l'un qui, de sacrales et mystiques qu'elles étaient, sont devenues tout à fait profanes. Elles fonctionnent aux antipodes de leurs anciennes expressions, avec les mêmes données anthropologiques de base. Ce n'est pas que le religieux disparaît, par conséquent, c'est que ce qui se manifestait comme religieux se métamorphose en autre chose. Raison pour laquelle l'humanité ne souffre d'aucun déficit avec le recul des croyances établies. Nous participons toujours de ce qui était au cœur de l'expérience religieuse, mais nous en faisons un autre emploi. C'est ce qui nous rend capables de comprendre le passé religieux, bien que nous lui tournions le dos et que nous nous arrachions en pratique à son orbite.

Cela ne va pas de soi, quand on y réfléchit : même agnostiques et sans préoccupations métaphysiques, nous continuons d'entendre ce qui est en jeu dans la notion du « divin ». Il n'y a pas besoin de religion pour ça. C'est ce qui te permet de parler et d'être lu. C'est ce divin résiduel que tu convoques. Aussi, quand tu parles de divin « au-delà de la morale », il faudrait dire, à la vérité, « au-delà de la religion ».

Luc Ferry

Peut-être.

Marcel Gauchet

Deuxième point. Comment penser, maintenant, ce noyau qui survit à l'institutionnalisation religieuse du monde humain ? Car le fait ne me paraît pas douteux : quelque chose subsiste et est destiné à subsister de l'âge explicitement religieux de l'histoire humaine à l'âge de la sortie de la religion. Quoi ? Comment le concevoir au juste ? Je t'accorde là aussi la part du mystère. Je crois qu'on ne peut bien aborder cette zone de notre expérience qu'avec le sens de l'inconnu de nous-même auquel nous sommes confrontés. Un sens de l'inconnu qui, loin de se dissiper avec l'évanouissement de l'inconnu surnaturel, comme le voudraient nos naïfs réductionnismes, s'en trouve redoublé. C'est le motif pour lequel je me suis laissé aller à cette expression d'« absolu terrestre ». Elle n'est peut-être pas à conserver, en fin de compte, mais à titre provisoire, dans le cadre de notre discussion, je lui voyais au moins la vertu de désigner clairement et fortement les données du problème. Absolu il y a en ce que ce dont il s'agit résiste irréductiblement aux diverses réductions qui prétendent le relativiser. Mais absolu il y a également en ce que ces différents visages de l'extériorité par rapport à nous-mêmes, pour faire court, se présentent sous le signe d'un mystère qu'il faut commencer par mesurer et respecter. Ce qui ne veut pas dire qu'il n'y a qu'à s'incliner devant lui.

Comment l'approcher ? Comment le traiter ? Sommes-nous condamnés à le lire dans la ligne de la compréhension religieuse archi-millénaire que l'humanité s'est donnée de sa condition ? Auquel cas il n'y aurait d'autre issue que de continuer à lui donner les noms qu'il a traditionnellement reçus, en parlant, comme tu le fais, de divin, de transcendance, de sacré, même si c'est pour donner une signification nouvelle à ces termes anciens. Nous serions obligés de reprendre ces notions fondamentales, seules à même de traduire adéquatement le mystère qui nous intéresse, quitte à exercer notre liberté de les réinterpréter.

Je pense à l'inverse que nous avons à nous extraire de cette continuité. Je crois qu'il faut non seulement sortir de ce vocabulaire, mais aussi et surtout de la perspective d'interprétation qui est celle de la religion. Nous pouvons tout autrement comprendre l'inconnu qui traverse et organise l'expérience que nous avons de nous-mêmes. La bonne clé de lecture me semble résider dans un approfondissement du problème de la spécificité humaine. La question fondamentale que nous avons à reprendre est celle de la nature de l'homme. Il s'agit évidemment de la détrivialiser en plaçant le mystère autour duquel nous tournons en son centre. L'homme est cet animal tout à fait particulier dont la nature est de se définir en fonction de ce qu'il a compris très longtemps comme une surnature. Enlevons la surnature, mais gardons l'indication d'extranéité instituante par rapport à la nature ordinaire. Elle détermine un niveau d'être et une forme d'existence qui sont ce que nous avons à éclaircir. Elle est le foyer structurant de ce qu'il y a d'unique et d'énigmatique dans notre façon d'être tant psychique et interpersonnelle que sociale et politique. L'amour et la haine sont en effet des expériences spécifiquement humaines et qui engagent la spécificité humaine. Amour et haine témoignent de l'investissement sur autrui qui nous constitue, de cette existence d'autrui pour nous qui nous sort de nous-mêmes. Il est un être sans lequel nous ne pouvons pas vivre, ou, dans l'autre sens, il est un être dont la seule existence nous empêche de vivre. Les animaux n'aiment ni ne haïssent, en ce sens. Ils sont capables d'attachements profonds et d'hostilité sans merci, qui peut en douter ? Mais pas de cette omniprésence psychique de l'autre en soi qui appellent le sacrifice de soi ou l'anéantissement de l'autre comme des conditions de sa propre vie. On pourrait prendre d'autres exemples, avec la relation de pouvoir ou avec le rapport de connaissance qui se noue, à un niveau très élémentaire, entre les signes et les choses. Je prends à dessein des illustrations en dehors de la zone des « transcendances » (immanentes) bien identifiées par les philosophes afin de suggérer au moins l'ampleur du problème. Nous approchons avec ces expériences du centre mystérieux qui est à la source de la spécificité humaine. C'est avec ce noyau de la spécificité humaine que les religions ont travaillé historiquement – les religions ont été son expression majeure à travers l'histoire. Cela ne nous condamne pas à le penser de l'intérieur de sa traduction religieuse. Je crois à l'opposé que nous sommes en mesure de le déchiffrer hors des catégories du religieux. Je pense que c'est possible et que c'est notre chance de mieux nous comprendre. Là est notre divergence.

Luc Ferry

Je crois en effet qu'on ne le peut pas, et surtout, je ne vois pas l'intérêt, même si l'on y parvenait, d'inventer d'autres mots. Ce qui m'intéresse dans le fait de garder le vocabulaire religieux c'est que je crois que là est précisément – et je rejoins tout à fait ce que dit Marcel – la vérité du religieux. C'est maintenant que nous la percevons : le vrai religieux est dans la pensée de cet absolu terrestre. Il y a une autre raison pour laquelle je n'ai pas envie d'abandonner le vocabulaire religieux, historique et presque mythologique, c'est que les textes religieux sont souvent plus riches et plus intéressants par leur contenu que les textes philosophiques.

Marcel Gauchet

Cela dépend lesquels.

Luc Ferry

Les grands textes, la Bible, les Évangiles. Franchement, l'Évangile de Jean c'est plus beau que la Déclaration de droits de l'homme.

Marcel Gauchet

C'est une affaire de point de vue. Il y a plus de poésie, par nature, dans l'expression symbolique que dans la clarification philosophique.

Luc Ferry

... Personnellement, j'y trouve davantage à penser. Mais il y a une troisième raison, qui est pour moi aussi essentielle. Cette problématique religieuse c'est évidemment la problématique de la sagesse, laquelle me semble liée aux deux grandes expériences que l'on évoquait tout à l'heure, la haine et l'amour. Il y a un moment où le travail historique doit faire place aux questions philosophiques. Il y a un moment, que ce soit en public ou en privé, où l'échafaudage intellectuel et historique doit bien servir à quelque chose.

Marcel Gauchet

Cela doit servir à quelque chose, j'en suis d'accord, y compris sur le plan de la philosophie pratique, de la « sagesse », pourquoi pas – je ne suis pas de ceux qui pensent que la philosophie « n'a pas d'objet », comme on dit dans le jargon de la tribu. Mais je crois justement que cela peut d'autant mieux servir à quelque chose que la philosophie se donne pour tâche d'éclairer la situation inédite qui est celle de l'humanité après la religion, avec la nécessité où elle se trouve de penser – et d'aménager – à partir d'elle-même ce qu'elle a depuis toujours délégué, attribué au dehors, ce qu'elle n'a eu de cesse de lire à la lumière de l'Autre ou de l'invisible.

Luc Ferry

Mais qu'est-ce que cela veut dire ?

Marcel Gauchet

Le propos dessine un programme. Il faudrait que je prenne le temps d'en déployer toutes les faces et toutes les conséquences. Cela ne s'improvise pas en quelques minutes.

Luc Ferry

Quand on parle d'absolu, de mystère, de transcendance... ce vocabulaire, au final, tu lui reconnais une légitimité.

Marcel Gauchet

Je lui reconnais une légitimité, puisque c'est le point de départ et que j'admets qu'il dit quelque chose de l'humanité essentielle, mais je pense qu'il faut en élaborer un autre, capable d'en sauver la signification tout en échappant à ce qu'il a d'intenable.

Luc Ferry

J'aimerais que tu me dises précisément pourquoi...

QUESTIONS DE MÉTHODE

Eric Deschavanne

Le débat d'aujourd'hui fait apparaître que vos démarches ne sont pas incompatibles puisque votre désaccord ne semble porter que sur une question de vocabulaire. Ne pourrait-on pas considérer en fin de compte que ce désaccord procède pour l'essentiel de la différence qui caractérise vos démarches respectives, différence relative à la conception de la réflexion ? Ainsi le point de vue anthropologico-historique qui est celui de Marcel Gauchet le conduit à s'interroger sur les conditions historiques effectives de possibilité des pratiques et des discours, tandis que Luc Ferry se plaçant du point de vue d'une philosophie transcendantale de la réflexion formule des arguments répondant à la question du sens du sens, laquelle constitue le point de départ de son livre : de ce point de vue la question évoquée aujourd'hui, de savoir si l'absolu terrestre est illusoire ou pas, peut donc apparaître comme proprement philosophique et contraignante pour l'homme s'efforçant de se comprendre lui-même.

Marcel Gauchet

Une remarque à propos de l'objet de la discussion et une précision préalable à propos de ma démarche, afin que ma remarque soit bien claire. Nous ne parlons pas tout à fait de la même chose, effectivement, Luc Ferry et moi. Je ne me situe pas sur le terrain de la seule philosophie, mais sur celui de l'histoire générale. L'histoire, même historienne, de la philosophie moderne, ne saisit qu'un aspect ou qu'un fil particulier de l'histoire moderne. Ce que j'essaie de comprendre, c'est le mouvement de cette histoire dans son ensemble en fonction du processus de sortie de la religion. J'y inscris l'histoire de la philosophie, qui apporte des lumières irremplaçables sur le mouvement des esprits, mais qui reçoit en retour un éclairage puissant du mouvement d'ensemble dans lequel les esprits s'insèrent. C'est ce devenir global qui m'intéresse, la métamorphose des formes politiques et sociales de l'établissement humain qui accompagne la sortie de la religion. C'est dans l'horizon de cette transformation générale que je raisonne. La différence de perspective induit naturellement des différences d'appréciation. Luc Ferry est plus sensible aux filiations conceptuelles, je prête davantage d'attention à la modification des structures du pensable en relation avec le déplacement des formes politiques et anthropologiques.

Encore une observation incidente, avant de revenir au fond. Luc Ferry nous disait que l'histoire de la philosophie moderne peut être regardée comme un processus de laïcisation de la religion chrétienne, de sécularisation des valeurs chrétiennes. La thèse exige d'introduire au moins une nuance qui change beaucoup de choses. Il serait plus exact de considérer ces philosophies modernes comme des hérésies chrétiennes. Un livre comme celui du Père de Lubac sur la postérité spirituelle de Joachim de Flore apporte déjà pas mal d'éléments à cet égard. Toute l'appréciation du déploiement des philosophies modernes s'en trouve transformée. C'est une histoire en marge du *mainstream* de l'histoire du christianisme qui se trouve engagée là. L'idée d'une laïcisation ou d'une sécularisation en bloc s'en trouve pour le moins relativisée.

J'en arrive à la question d'Éric Deschavanne. Beaucoup dépend, à l'évidence, de la perspective qu'on adopte, de la ligne d'interprétation dans laquelle on se situe et du but que l'on poursuit – de ce qu'on cherche à rendre intelligible. Toutes ces options se traduisent en mots qui sont leurs instruments et qui deviennent autant d'écrans lors d'une confrontation avec d'autres options. Notre discussion n'échappe pas à la règle. Elle comporte sa part de querelle de mots, querelle inévitable et normale dans la recherche d'un ajustement entre des interlocuteurs. Ces disputes de vocabulaire ne sont pas si inutiles qu'on le dit, quand elles sont menées avec bonne foi, puisque, si nous pensons avec des mots, on sait aussi que les mots tendent à penser pour nous. Se quereller à leur sujet est le meilleur moyen d'éclaircir cette zone d'ombre. Cela dit, au-delà de la différence des points de vue et de querelle sur les mots, je crois qu'il y a, néanmoins, une vraie divergence de fond entre nous.

Cette divergence, telle qu'elle me paraît ressortir de la discussion, peut être résumée en deux points :

I) Elle concerne, d'abord, les incidences du processus dit de laïcisation ou de sécularisation – je préfère parler de processus de sortie de la religion. Jusqu'où ce processus nous mène-t-il ? Quelles sont ses conséquences ultimes ? Nous différons d'appréciation sur ce point, Luc et moi, me semble-t-il. A supposer qu'il soit vrai, comme le dit Luc, laissons un instant de côté les nuances, que la philosophie moderne opère la sécularisation du christianisme, j'ajouterais pour mon compte que le processus continue, qu'il est destiné à se poursuivre jusqu'au point où il nous fera entièrement sortir de l'orbite des religions historiquement constituées et de leur cadre intellectuel. C'est en ce point que nous arrivons aujourd'hui. Il nous est demandé d'élaborer d'autres catégories que celles au travers desquelles elles ont interprété la réalité humaine, y compris ce qui, à l'intérieur de cette réalité, dispose l'homme à la religion. Luc veut sauver leur langage en le réinterprétant, je crois indispensable de passer à un autre, plus compréhensif.

2) Cette première divergence débouche sur une seconde, encore plus fondamentale, qui concerne la capacité de l'homme à se rendre compte de lui-même. La sortie de la religion nous met-elle, comme je le pense, en position de franchir une étape réflexive sup-

plémentaire vis-à-vis de ce que nous sommes et de ce qui nous constitue ? Sommes-nous voués, – puisque tel est le dilemme que pose Luc Ferry –, une fois reconnue cette part de l'expérience humaine que nous avons appelé l'absolu terrestre, ou bien à y reconnaître une incarnation de l'invisible, auquel cas les catégories héritées de la tradition religieuse restent les seules légitimes pour en traiter, ou bien à y dénoncer une illusion, à l'instar de tous les discours généalogiques et déconstructivistes depuis un siècle ?

Luc Ferry

Oui, c'est bien de cela qu'il s'agit, du moins au départ...

Marcel Gauchet

Mais cette alternative dans laquelle tu veux nous enfermer me paraît ne pas en être une.

Luc Ferry

J'aimerais que tu me dises pourquoi...

Marcel Gauchet

Je crois avoir abondamment montré par l'exemple qu'il était possible d'échapper à cette alternative. C'est en tout cas l'idée qui n'a cessé de me guider dans l'analyse des phénomènes de la modernité, qu'il s'agisse des transformations de l'être-soi ou des transformations de l'être-ensemble. Mais j'admets que je ne l'ai pas explicitement thématisé et que c'est une tâche difficile. Cela reste à montrer.

Luc Ferry

Parce que ce n'est pas fait...

Marcel Gauchet

Non, ce n'est pas fait. Est-il possible de rendre compte de cette disposition à l'absolu, d'un côté sans opérer sa réduction, sans prétendre y dévoiler le mécanisme d'une illusion, et de l'autre côté, sans y lire le renvoi à un transcendant, à un divin quel qu'il soit...

Luc Ferry

C'est le problème, en effet...

Marcel Gauchet

Je crois que c'est possible.

Luc Ferry

Tu as parfaitement posé la question : entre une interprétation disons néo-religieuse – dans le cadre de la philosophie transcendantale – et l'interprétation matérialiste, je ne vois pas le troisième terme.

Marcel Gauchet

Je suis convaincu au contraire qu'il y en a un.

Luc Ferry

Je ne vois pas comment tu pourras rendre compte d'un absolu pratique sans retomber dans les ornières de l'ontothéologie matérialiste. Je te pose la question très simplement : si tu admets l'idée qu'il y a des valeurs si absolues qu'elles engagent jusqu'au risque de la mort, jusqu'au risque de perdre sa vie, quel fondement peux-tu leur donner ? L'absolu terrestre ou l'absolu pratique dont nous parlons, qui est simplement cette idée qu'il y a des valeurs supérieures à la vie, est une idée dont je ne vois pas comment on peut l'interpréter autrement qu'en termes matérialistes-réductionnistes ou bien alors en termes qui me paraissent ne pouvoir faire l'économie du vocabulaire et même de la problématique religieuse ; et le fait même que tu parles d'absolu terrestre me paraît suffisamment indiquer que tu es obligé d'utiliser le vocabulaire religieux, car l'absolu, jusqu'à preuve du contraire, c'est le nom de Dieu, en tout cas dans toute la philosophie moderne. Il me semble que si on parle d'absolu on est obligé de l'opposer au relatif, c'est-à-dire qu'on parle de l'infini opposé au fini, c'est-à-dire de Dieu opposé à l'homme ; c'est très exactement de cela qu'il s'est toujours agi au moins depuis le XVIIIe siècle, en tout cas au moins depuis Hegel, dans la philosophie moderne. Donc si tu ne prends pas cet absolu dont tu parles comme une illusion, tu vas avoir de grandes difficultés à ne pas réaménager une problématique liée à ce basculement du religieux vers l'aval.

Marcel Gauchet

Je ne le pense pas.

Luc Ferry

Donne-nous alors un aperçu de la solution parce que je ne la vois pas.

Marcel Gauchet

Que la question soit redoutable, non seulement je l'admets, mais j'en suis dramatiquement conscient. C'est à mes yeux l'avenir de la pensée, et nous n'en sommes qu'aux balbutiements. Juste un mot à propos de l'emploi de ce terme d'absolu. Je l'ai pris à dessein pour indiquer le fait que, autant il faut prendre garde à apprécier la portée de la discontinuité moderne, autant il faut prendre garde à mesurer ce qui se joue de continuité dans cette discontinuité, dans la sortie de l'hétéronomie...

Luc Ferry

Là, nous sommes à nouveau d'accord.

Marcel Gauchet

Il faut partir du vocabulaire avec lequel les individus formés dans notre culture comprennent ce registre d'expériences, expériences que ne contestent pas au demeurant ceux qui prétendent les déconstruire. Ils ambitionnent seulement de montrer quelles répressions, dominations ou déterminismes se cachent derrière ces appels du plus haut que soi, afin d'en guérir l'humanité dans un avenir plus ou moins éloigné. Ils se proposent en somme de nous éduquer à l'égoïsme raisonnable, comme si d'ailleurs nous en avions besoin...

Luc Ferry

... comme si ce n'était pas la pente la plus naturelle de l'humanité...

Marcel Gauchet

... de ce point de vue tout va bien...

Luc Ferry

... il n'y a pas péril en effet.

La candeur des prétendus cyniques m'étonne toujours. Au rebours de ces illusions du désillusionnement, on ne saurait trop souligner ce que nous conservons en commun avec l'humanité du temps des religions. Ce pourquoi je ne recule pas devant ce terme d'absolu. Il a allègrement enterré ses fossoyeurs et il est important de marquer que ses soi-disant démystifications ont fait long feu. Mais si je prends le risque de l'assumer, c'est pour en proposer une compréhension radicalement différente de celle de l'âge sacral. Il s'agit d'accéder à son intelligence profane.

Je souligne à cet égard que l'entreprise ne relève pas d'une tâche intellectuelle séparée du reste. Elle est en phase avec son temps, pris dans son mouvement profond. Elle correspond à l'étape supplémentaire en matière de sortie de la religion que nous sommes en train de franchir. Elle est appelée par le travail de recomposition social, anthropologique, politique, culturel dont nous sommes témoins, bien au-delà de la philosophie. La philosophie travaille toujours avec son temps, consciemment ou inconsciemment. Elle réfléchit, sans forcément se le dire, avec les signes qu'elle en reçoit et les perspectives qui s'y ouvrent. Elle ne peut que gagner, à mon avis, à faire ce travail délibérément. En la circonstance, le bouleversement qui nous entraîne depuis un bon quart de siècle et qui nous détache encore un peu plus de l'univers religieux rend possible un autre regard sur le passé et sur nous-mêmes. Il faut se saisir de ce possible.

La question devant laquelle nous sommes jetés, en fin de compte, est celle des ressources et des limites de la réflexivité dont nous sommes capables. Jusqu'où peut aller la capacité de l'homme à penser sa spécificité d'homme ? Est-il en mesure de se déchiffrer lui-même de part en part purement à partir de lui-même ? Ou bien cette puissance de rendre compte de soi-même est-elle vouée à buter sur un donné irréductiblement énigmatique qui ne peut être compris que sous le signe d'une donation devant laquelle il n'y a qu'à s'incliner ? Car c'est bien une donation qu'il s'agit d'élucider. Nous nous faisons nous-mêmes à partir de quelque chose que nous ne faisons pas et qui nous est donné –

ce qui nous fait hommes. Nous nous construisons sur ce qui nous donne la faculté de nous donner à nous-mêmes. En d'autres termes, notre constitution ne peut se concevoir entièrement comme une autoconstitution. C'est cette dimension que les sociétés religieuses ont privilégié, jusqu'à en faire la clé de voûte d'un système complet de sens plaçant la condition humaine dans la dépendance totale d'une donation extrinsèque. Symétriquement, c'est la dimension que la société sortie de la religion tend à oublier au profit de l'auto-institution de l'humanité dans l'histoire – auto-institution qui n'explique pas ce qui rend l'homme capable de l'histoire. Aussi est-ce la dimension qu'il nous faut commencer par poser critiquement contre les diverses naïvetés réductionnistes. Jusqu'où pouvons-nous aller dans l'intelligence de ce donné anthropogène, de ce faisceau de conditions primordiales qui nous donnent l'humanité ?

Nous sommes d'accord pour l'essentiel sur ce qui compose ce noyau. Nous sommes en désaccord sur ce qu'il peut en advenir de la compréhension de ce noyau. Cette donation de l'homme à lui-même a été massivement lue de manière religieuse à travers l'histoire. Cette entente religieuse est-elle destinée à subsister, comme le pense Luc Ferry, même au-delà de la sortie de la religion ? Je tiens en sens inverse qu'elle est destinée à céder la place à une entente nouvelle de l'anthropogenèse. Je crois possible une telle reconsidération radicale de ce qui nous fait hommes. Encore une fois, c'est un jugement sur le devenir en cours et sur l'histoire à venir que j'énonce ici, et pas simplement un programme de travail à usage personnel. Nous sommes embarqués dans une recomposition complète hors religion de ce qui s'était investi dans la religion. De façon parallèle, notre déchiffrement de nous-mêmes va vers un déchiffrement de ce qui a voué l'humanité à la religion en dehors du langage religieux, mais en sauvant intégralement ce qu'il comporte de sens.

Luc Ferry

Nous touchons vraiment le fond du problème, et comme nous nous comprenons assez bien, je crois, ce qui n'est pas toujours le cas entre philosophes, profitons-en. Je suis entièrement d'accord avec le programme tracé par Marcel, c'est-à-dire avec l'idée qu'il faut rendre compte de ce sentiment d'absolu à partir d'une problématique qui est purement humaine et non pas faire référence à un Dieu fondateur, ce que d'évidence je ne fais pas, et qu'il faut partir des capacités de réflexivité qui sont celles de l'humanité pour essayer de rendre raison de ce phénomène ; de là, d'ailleurs les grandes discussions entre Habermas et Apel au sujet de la fondation ultime, qui me paraissent pour le coup des discussions religieuses mal digérées, mais néanmoins – même s'ils ne diraient certainement pas cela – de type métaphysique, sinon religieux. Il me semble que lorsque l'être humain s'efforce d'éprouver ses propres capacités de réflexion pour comprendre ce rapport à l'absolu, ce qu'il trouve en lui-même – par exemple cette idée de liberté que j'évoquais, cette capacité d'être en excès par rapport à la nature ou par rapport à l'histoire, donc cette capacité d'amour ou de haine extraordinaire, *philia* et méchanceté, qui traduisent en effet cet écart par rapport à la nature dont les animaux, jusqu'à preuve du contraire, ne sont pas capables – eh bien je crois que ce que l'être humain découvre en lui-même, c'est précisément le problème religieux par excellence. Dans cette idée d'une surnaturalité et d'une transhistoricité de l'être humain (ce que j'appelle la divinisation de l'humain) il y a le fait qu'à l'intérieur même de sa propre réflexion l'être humain ne découvre pas seulement l'inconscient, mais il découvre la question du divin, la question du mystère irréductible d'une transcendance par rapport à la nature et à l'histoire, par rapport aux catégories rationalistes auxquelles nous ont habitué les matérialismes modernes. Si l'on abandonne un vocabulaire religieux dogmatique, c'est donc, il me semble, pour le retrouver à un autre niveau, qui ne l'est plus.

Marcel Gauchet

L'être humain rencontre – nous sommes tout à fait d'accord sur ce point – ce qu'il n'a pu jusqu'à présent désigner et comprendre que comme divin, mais qui est destiné à être compris et assumé dans d'autres catégories que celles du religieux. Ta démarche consiste à désigner le problème comme si ses termes devaient rester intangibles. Or je les crois appelés au contraire à se déplacer. Le problème est destiné à être réinterprété – je ne dis pas résolu, je n'ai pas cet optimisme, qui serait métaphysique, pour le coup – radicalement hors de la religion.

Luc Ferry

Pourquoi pas ? Il me semble néanmoins, qu'avec cette idée de surnaturalité, ou d'excès par rapport à la nature et à l'histoire, on touche à quelque chose qui est intrinsèquement et essentiellement mystérieux, puisque par définition c'est ce qui est au-delà des catégories du rationalisme dogmatique. On peut bien entendu être en désaccord avec une telle proposition – on a parfaitement le droit de ne pas admettre que l'absolu pratique existe et d'aller dans le sens des explications matérialistes, biologiques, psychanalytique, sociologique, etc., en disant voilà, telle chose vous paraît comme une valeur absolue, mais c'est en vérité parce que vous avez telle structure génétique, que vous vivez dans telle société, que vous avez eu telle histoire avec vos parents, etc. que vous la prenez, à tort, pour telle – soit au contraire on reconnaît la transcendance, et on cherche à en penser le statut inédit dans une société « post-religieuse », mais je ne vois pas comment il pourrait y avoir un terme intermédiaire...

Marcel Gauchet

Si, il y en a un...

Luc Ferry

Si cet excès est par définition, je dis bien par définition, le mystère même, puisqu'il échappe à toute rationalisation dogmatique, je ne vois pas de troisième terme possible entre le réductionnisme auquel on peut céder certes de façon plus intelligente que dans la plupart des discours aujourd'hui – on peut imaginer un rationalisme réductionniste plus intelligent que celui de tel ou tel scientifique aujourd'hui – ou bien l'obligation de reconnaître que l'on a atteint le fond ultime de l'affaire. Sur la liberté, sur le fait que l'être humain est en excès par rapport à la logique naturelle ou historique, que dire de plus ?

Marcel Gauchet

Il y a un saut logique dans ce que tu dis entre le constat factuel et la conclusion qui préjuge du résultat. Tu vas trop vite à la thèse d'un excès de ces dimensions constituantes, par définition, sur toutes les catégories mobilisables par une recherche d'intelligibilité. Il y a un mystère de la liberté par rapport à nos manières communes de penser, soit. Mais il y a de nombreux mystères qui sont révélés élucidables moyennant une réforme de la façon de les penser. C'est le cas de celui-là, à mon avis.

Luc Ferry

Pas sans tomber à nouveau dans le réductionnisme.

Marcel Gauchet

Si, il est possible d'échapper au réductionnisme. Il est possible de rendre compte de ce qui nous procure le sens d'un vrai indépendant de nous, ou le sens de l'abnégation envers une valeur que nous mettons plus haut que nous, en l'inscrivant dans l'homme, et sans pour autant le ramener à un mécanisme sous-jacent qui en démonte l'illusion. Une illusion nécessaire peut-être, mais une illusion quand même. Voilà pourquoi vous croyez à quelque chose comme de l'absolu et pourquoi vous ne pouvez qu'y croire, compte tenu de votre constitution...

Luc Ferry

... mais c'est la structure même du réductionnisme que tu décris là. Mon ami André

Comte-Sponville me dit exactement cela, mais lui, au moins, accepte explicitement l'idée que son matérialisme est tout à la fois un déterminisme et un réductionnisme : il est dans la nature de l'homme d'imaginer qu'il est libre, mais on peut très bien démontrer pourquoi aujourd'hui ; l'homme étant un être très évolué, très complexe, et par conséquent très indéterminé, il prend cela pour de la liberté... tu connais la chanson.

Marcel Gauchet

Tu ne m'as pas laissé finir. Je n'évoquais justement ce discours que pour faire ressortir ce que ses limites ont aujourd'hui de flagrantes au regard d'une démarche authentiquement attentive à la spécificité du mode d'être humain. Franchement, s'il y a une chose qui n'est plus croyable, ce sont ces fables puériles qui nous expliquent la vérité ou la morale par les ruses de la vie, de la libido ou de la domination. Même si elles ont encore des adeptes, elles appartiennent à une époque révolue. Le réductionnisme a été la maladie infantile de l'anthropologie. Nous n'y sommes pas condamnés.

Luc Ferry

Eh bien, il ne nous reste qu'à attendre ton prochain livre !

Photocomposition Nord Compo
59650 Villeneuve-d'Ascq

Impression réalisée sur CAMERON par

BUSSIÈRE CAMEDAN IMPRIMERIES

GROUPE CPI

à Saint-Amand-Montrond (Cher)
pour le compte des Éditions Grasset
en octobre 2004

N° d'édition : 13427. — N° d'impression : 043900/1.
Dépôt légal : octobre 2004.

Imprimé en France

ISBN 2-246-64131-4